# 心靈導師
## 帶來的36堂
# 靈性覺醒課

## 讓十位心靈大師加持你的人生

奧修、克里希那穆提、馬可·奧勒留、埃克哈特·托利、狄巴克·約伯拉
阿瑪斯、拜倫·凱蒂、露易絲·海、尼爾·唐納德·沃爾什、一行禪師

姜波 編著

也許這是一個最壞的時代。

倫理道德的底線屢遭挑釁，打扮得花枝招展的女孩，在公眾面前宣稱「寧可坐在賓士車裡哭，也不坐在自行車後座上笑」；音樂學院的高才生，那高貴的彈鋼琴的手卻握住了屠刀；不良黑心商家屢屢製造「毒奶粉」、「瘦肉精」、「地溝油」、「染色饅頭」事件。也是在這個年代，全球各地同步發生了地理和氣候上的自然混亂，可謂是天災人禍接踵而至。

但，也許這是一個最好的時代。

即使是世間最美好的經驗，也會隨著時間的流逝而變化，只有實現了心靈的寧靜與安詳，喜悅感才能常駐心間。也許是對這個道理的了悟，這些年來，追求心靈成長的人越來越多，坊間關於心靈成長的書籍更是如同雨後春筍一般湧現出來。許多心靈導師的出現給人們帶來了一陣清風，學習這些大師的教誨蔚然成風。

不管這個年代是好是壞，也許都是一個最急需也最適合心靈成長的年代。

我們每個人的一生中，都要經歷各種酸甜苦辣，我們能做的就是讓

自己有意識地穿越困境，不斷地領悟人生的真諦，不斷地體會和實踐生命中的靈性祕密。

本書錄入了十位享譽全球的心靈導師的經典教誨，每一位心靈導師觸及的議題都深且廣，編者從他們的演講以及作品中甄選出最直擊人心的觀點，加以整合編排，於是就有了您手上的這本書。

幾乎所有的心靈導師都曾經表示過，所有的靈性教材的來源都是相同的，只不過經過語言和文字記錄之後，它們就變成了一些字句的組合，而這些文字只是你通往心靈之旅的路標。而這本書絕對不是給你提供了一些讓你的頭腦得意把玩的知識，因此，這本書並不是一本需要用腦子讀的書，而是需要你用心靈去感知，如果其中的詞句讓你困惑，不妨根據心的指引仔細感知。

在此，編者最想感謝的就是靈修書籍的譯者，我想稱他們為心靈之光的傳播者一點也不為過。在本書的編錄過程中，胡茵夢、張德芬、周玲瑩、若水、李繼宏、徐克茹、蕭順涵等諸位老師的譯本是編者案頭的必備之書，讓編者在編錄過程中受益匪淺。

當然，以編者淺薄的知識和未完全覺醒的心靈，來編錄這本心靈之書，難免會有不足之處，在此也對讀者們表示歉意。

最後，希望讀者能藉由此書，跟隨心靈導師的指引，遇見真正的自己。

# Part 1

# 奧修

### 尋找靈性之光

**奧修 簡介：**

奧修是20世紀最具知名度的靈性大師之一。他從東西方哲學的精華中提煉出對現代人靈性追求具有非常意義的訊息，並發展為獨特的靜心方法。其作品廣為流傳，是許多追求靈性及心靈成長人士的枕邊書。

奧修與甘地、尼赫魯、佛陀等並列為改變印度命運的十位人物之一。

1931年12月11日，奧修出生於印度。早年他以優異的成績畢業於印度沙加大學哲學系，曾獲全印度辯論冠軍。之後在印度傑波普大學擔任長達9年的哲學系教授。

他生前周遊印度各地和世界各國，從事學術演講。到目前為止，根據他的演講，整理出版了650餘種圖書，被譯成30餘種文字，暢銷世界各地。奧修於1990年12月21日辭世。

奧修一生演講的主題可以概括為一個字：人。他始終關注工業文明後的人類生存狀況，關注人本身。他對落後的封建意識的審視，對資本主義

物質、肉欲的批判以及對人類終極關懷的追問，是獨特的、全心的。

當然，奧修也是一個備受爭議的人物，他的一些思想和行為與主流社會相悖。但奧修是人，是神，還是鬼並不重要，重要的是你能從他那裡得到什麼。如果你能和他交流，他是人；如果你愛上他，他就是你心中的神；如果你從他那裡受到了傷害，他就是附在你身上的邪惡的鬼！

奧修說：「我的話，對你來說，可當成只是假設。我不是說你要相信它，這是我最基本的原則。我只是激起你去探尋，而不是信仰，我的靈性道路不是一個信仰。」

奧修與你，究竟會發生怎樣的連接與互動，不妨持一顆寧靜的心，細細感受，也許你會經歷生命中前所未有的震撼與喜悅。

# *1* 歡慶生命大典

## ◆ 綻放生命潛能

德國詩人歌德說過：「人的潛能就像一種力量強大的動力，有時候，它爆發出來的能量會讓所有人大吃一驚。」所以，不管你是誰，你都是自己一生中最重要的人。你的生命潛能如同一座取之不盡、用之不竭的寶藏，而這些寶藏就是生命的終極喜悅。

只有當一個人的潛力被允許像花一樣綻放時，你才能體會到存在的極樂。人類的潛能就像是一顆鑽石，每一個不同的面向都閃爍著無盡的光芒，這顆鑽石足以使你的生活滿溢著富足感。如果這顆鑽石的表面蒙著一層灰塵，那就需要我們將灰塵抹去，使這顆鑽石閃耀出本來的光芒。潛能無法釋放的人生是挫敗的人生，也是一個人越是貪婪、越是充滿欲望，就越不容易滿足，從而無法體會喜樂的原因。如果一個人整天忙忙碌碌，頭腦的功利程度增大，那麼他就活不出生命的喜悅。因為能讓他體會到喜悅的那一部分能力已經完全被他拋棄了。

功利的生活所付出的代價是巨大的，因為你失去了體味喜悅的能力。如果你的潛力能全部綻放，那麼生命就會變得充滿歡樂和喜悅，那麼，生命就是一場慶典。

有待滿足的需要中有社會的需要，也有存在的需要。不會有人對

你說：「別去制約孩子。」如果孩子完全不受制約，他們就會變得粗野不堪、與社會格格不入，他們就不能在社會中生存下去。制約是在社會中生存的需要，但是生存不是目的。所以，對於制約，你必須能穿得上脫得下，就像衣服一樣，你出門必須穿上衣服，回到家就把它脫掉，這樣，你才「存在」。

如果你把衣服、頭腦的制約當成一種工具來使用，那麼這並不困難；但是如果你認同你所受的制約，你認為你的制約就是你，你的頭腦就是你，而否定了所有不是你的制約的東西，那麼這個認同是危險的，不應該這樣。一個正確的教育是不受制約的，它只受一個有條件的制約：制約是一種實用的需要，你必須能穿能脫，需要時穿上，不需要時脫下。當人類認同自己的制約的時候，人類不是真正的人類，而只是受到制約和狹窄化的機器人罷了。

要瞭解這一點，就是要覺知到那被掩蓋了的大半部分的頭腦。覺知那大半部分頭腦，就是要覺知到你並不只是有意識的頭腦。有意識的頭腦只是一個很小的部分，而那大半部分是不受制約的，它在那裡，等待著你去發現。

◆ 過程至上

生活中有種種條條框框限制著我們，我們的習慣和行為都變得機械，頭腦習慣了忙忙碌碌地運轉，即使是在沒有事情可做的時候，頭腦依舊不會停歇。當你在玩遊戲的時候，你也不會放鬆，你不是在享受遊戲的過程，你是想要一個贏的結果，比如你和朋友打牌，你所想的是怎麼取勝。頭腦在不需要窄化的時候還是窄化的，正在進行的事情的過程

已經不重要，窄化的頭腦一心一意地只想要一個結果。於是窄化的頭腦讓我們失去了歡慶的意義，我所說的歡慶是指一個當下接著一個當下地享受來到你身上的一切事物的能力。而你的生活中若缺少了這歡樂的層面、遊戲的層面，自然會黯然無光。

人生的意義是在一個個片刻的過程之中突顯的，結果只是組成這個過程的一個片刻。就好像種植葡萄的人，如果他栽種葡萄的目的就是為了等待收穫，如果還要希望自己的葡萄比別人大、比別人多，那麼他的這種欲望將會使他失去心靈上的自由。因為他會變得不知足，會變得嫉妒、吝嗇、猜疑；相反，如果他能真真切切地感受泥土的芳香、傾聽鳥兒的歡愉、享受陽光的溫暖，那麼他就完完全全地擁有了令自己喜悅的能力。

在事務方面，結果至上；在歡慶層面，過程至上。如果你能把一個活動本身變得富有意義，那麼，你就能慶祝它，你就能變得歡樂。每當你歡樂地慶祝它時，所有狹窄化的界限就會被打破，你擺脫了束縛。現在，你不做選擇了，對來臨的每一樣東西，你都允許它。一旦你接受了整個存在，你就和它合為一體了，這就是一個共用。我們把這個共用、這個慶祝、這個無選擇的覺知、這個無私心的態度稱之為靜心。不擔心結果，歡樂就在每一個片刻中，沒有什麼需要你去完成，你能享受的只有此時此刻。

在我們潛意識的深處是一幅美好的田園景象：我們看到自己坐著火車，行進在一條橫跨大陸的漫長的旅程中。我們吸吮著飲料，透過車窗，能看到近處高速公路上奔馳的車輛；十字路口上向我們揮手致意的孩子；小山旁吃草的牛群；從發電站噴吐而出的煙霧；一排排連綿不斷

的玉米；山川和溪谷；城市建築的空中輪廓和鄉村的小山坡。

可是，很多時候我們會煩躁不安，對車窗外的美景視而不見，詛咒著這些慢悠悠的分分秒秒——等著，等著……在我們心目中，目的地才是最重要的。在特定的一天，特定的時辰，我們的火車將要進站……

「如果我到了車站，事情就妥了。」我們這樣安慰自己。「如果我考上理想的大學……」「如果我進了知名的外資企業……」「如果我付清貸款……」「如果我得到升遷……」「如果我退休，我就可以永遠地享受人生！」但或遲或早，我們會明白，生活中根本不存在什麼車站，也沒有什麼可以到達的地方。

生活中真正的樂趣就是旅行，車站只不過是一個夢，永遠可望而不可即，把我們遠遠地拋在後面。活著，就盡情地享受人生！有人說：「幸福與否不在於目的的達到，而在於追求的本身及其過程。」生活中的絕大多數情景就是這樣的。珍惜現在，盡可能地享受當下的美好時光吧！

### ◆ 拋棄無謂的焦慮

生活在這個世界上的每個人都需要明白：生命是不安全的，沒有任何東西能夠百分百地對抗死亡，你越是想讓生活變得更安全、更有保障，生活就越會變得枯竭而成為一潭死水。

不安全意味著你必須隨時保持清醒的狀態，對可能發生的危險保持警覺，而生命永遠都是在懸崖邊緣，沒有人能預知下一秒會發生什麼。

一邊帶著對安全和有保障的期盼，一邊又帶著所有可能的不安全，我們一個片刻接著一個片刻地去生活。花朵活著、小鳥活著、動物活

18

著，它們都不知道任何關於安全的事，它們都不知道任何關於警覺的事，它們不去顧慮那些，所以它們每天早晨都可以毫無顧忌地唱歌。

而你從來沒有在任何一個早晨唱過歌，你甚至也從不認真地傾聽鳥兒的歡唱。你的夜晚充滿了可怕的噩夢，危險隱藏在每一個角落；當你醒來，你也不愉快，夜晚的噩夢變成了白天的問題與焦慮。

如果你認真感受當下，聽一聽小鳥的叫聲，看一看糜鹿的美和靈敏，你也許會發現自己的生活與它們的生活相比黯然失色。森林裡的樹木，它們也許隨時都會遭到砍伐，但是它們並不擔心，而且還貪婪地享受陽光的照耀和雨露的滋潤，真切地活在當下這個片刻，生機盎然，充滿了生命的力與美，而不是在未知的擔憂中殘喘。對於樹木來說，這個片刻充滿了平和和喜悅，每一樣東西都是鮮活的，每一樣東西都是有生命力的。

當時光流逝，一個人年紀越來越大，死亡也變得更接近，但那是沒有辦法避免的。沒有人能夠避免死亡，既然這樣，那麼就不要被它所困擾。會發生的就讓它發生，為什麼要讓那些虛無縹緲的未來破壞你的現在呢？

深入的靜心能夠幫助你消除對未來的焦慮，當你真誠而真實地感知你的內在時，你就會覺知到你並不是身體，也不是頭腦，而是永恆的生命。

你將不需要任何安全或者保障，盡致、暢快、喜悅地活在當下這個片刻，因為沒有什麼好害怕的，未來的一切都是你自己的幻想。

一個片刻接著一個片刻地去感受生活，信任整個存在，就好像鳥兒信任它一樣，就好像大樹信任它一樣。你和存在是相互聯結的，存在將

會照顧你，它已經在照顧你。

### ◆ 比較是最大的疾病

　　比較是人的慣性，從小我們就開始了各種比較。媽媽會把你和其他的小孩子比較，媽媽會說：「你看隔壁家的小麗多懂事，這麼小就知道幫媽媽做家務。」老師會把你和其他同學比較：「你看小強的作業多整齊，一點錯誤也沒有。」

　　比較是最大的疾病，它就像癌細胞一樣摧毀著你的靈魂。生活中各種各樣的比較無處不在，但是這些比較真的有必要存在嗎？每個人都是獨一無二的，比較是毫無意義的。有人會拿蘋果和葡萄作比較嗎？有人會拿金盞菊和紫羅蘭作比較嗎？沒有，因為他們知道那是沒有可比性的。人也同樣如此，你就是你我就是我，世界上沒有什麼東西是可以作比較的。

　　每個人都有自己的特點、個性，都是獨一無二的存在，你的獨特性是你的權利，是生命的祝福，以前從來沒有像你一樣的人，以後也不會有和你個性相同的人，你的存在沒有誰能取代。

　　一個深受比較毒害的人，不是變得非常自卑，就是變得非常自傲。這取決於你的比較對象，如果你和某方面比你強的人比較，你就會變得自卑和痛苦；如果你和某方面比你差的人比較，你就會變得非常自傲。

　　瞭解自己獨一無二的特性的人更能實現靈性的成長，他們對生命所給予他們的東西都會心懷感激，對生命坦誠地接受和深深地感激會讓靈性之光閃耀。當比較不存在的時候，你既不會覺得自己更美也不會覺得更醜，你既不會覺得自己更大也不會覺得自己更小，你既不會覺得自己

更聰明也不會覺得自己更愚笨。沒有比較，你就能安然地做自己，在這種狀態下，美麗的花朵會一直在你的生命中綻放。

## ◆ 像孩子一樣全然和單純

耶穌一再強調：「除非你像一個小孩，否則你將無法進入我神的王國。」我也要告訴你：除非你像一個小孩，否則你將不會進入我神的王國。而我所說的「像一個小孩」究竟意味著什麼呢？

首先，小孩是全然的。對於任何事情，他們都會全心地投入，從來不會幹著這件事卻想著那件事。舉個例子，假如一個小孩在海邊撿貝殼，那麼他所顧慮的就只是海灘和貝殼，其他的一切對他而言都好像不存在，他會完全地投入到撿貝殼這件事中。這種全然投入的品質是成為「像一個小孩」的基本要素之一。

其次，小孩是單純的。他們從來不會仰仗知識來做事，而是以一種不知道的狀態來運作。他們唯一會做的就是遵從自己純淨的內心。

有一個6歲的加拿大男孩，曾經用一顆全然而單純的心改變了世界。

他曾被評選為「北美洲十大少年英雄」，甚至被人稱為「加拿大的靈魂」，他就是曾經接受過加拿大國家榮譽勳章的瑞恩・希里傑克。

1998年，6歲的瑞恩第一次聽說在非洲有很多孩子因為喝不到乾淨的水而死去，於是，為非洲的孩子捐獻一口井成了他的夢想。

那天回到家裡，他向媽媽要70加元時，媽媽告訴他：「你可以藉由自己的勞動湊齊這一筆錢，比如打掃房間、清理垃圾，我會給你報酬。」

瑞恩遲疑了一下，最終答應了。於是，他開始透過自己的勞動賺

錢。四個月後，當瑞恩把辛苦存的錢交給有關組織時卻得知，70加元只夠買一個水泵，挖一口井實際需要2000加元。他並沒有放棄，反而更加賣力了，因為他只有一個想法，就是要盡自己的能力讓更多非洲的小朋友喝到水。漸漸的，大家都知道了瑞恩的這個夢想，於是越來越多的人開始讓他為自己「打工」。瑞恩所賺來的錢，都被他放進了那個存錢的舊餅乾盒裡。

後來，他的故事被媒體報導了，他的名字傳遍了整個國家。一個月後，在他家的信箱裡出現了一封陌生的來信，裡面有一張30萬加元的支票，還有一張便條：「但願我可以為你和非洲的孩子們做得更多。」如果你以為這是故事的結尾，那就錯了，因為這只是故事的開始。接下來，在不到兩個月的時間裡，又有上千萬加元的匯款支持瑞恩的夢想。

2001年3月，「瑞恩的井」基金會正式成立。瑞恩的夢想成為千萬人參加的一項事業。

事後有人問瑞恩：「你為什麼要這樣做呢？」

瑞恩說：「沒有為什麼，我只是想讓他們喝到乾淨的水。」

「沒有為什麼」，一切就是如此簡單，他只是聽從了自己的召喚，並隨著善良靈魂的高歌起舞而已。那一支心靈的舞蹈，卻令整個世界為之傾倒。

心靈純淨的人，往往是精神潛能真正覺醒的人。他們那些美好的夢想和執著的信念具有強大的感召力，所以能四兩撥千斤般創造生命奇蹟。他們那天真爛漫的生活和無憂無慮的心態使他們宛若孩童，他們心靈的感染力常常令人心生豔羨。

## 2 喚醒沉睡的身體

◆ 從忙碌中解放

　　古希臘人伊索曾說過：「工作對於人來說是一種享受。」俄羅斯的杜勃羅留波夫也說：「只有勞動才能提供享受生活的權利。」固然，工作是一個人生活中的重要部分，但是越來越多的人卻迷失於工作中，過分看重工作的價值和意義。其實工作的價值只在於生產夠每一個人用的東西，或許每天四、五個小時的工作就足以讓整個人類過得很安穩、很舒服。但是越來越多的人頭腦中產生了致富的貪婪念頭，無休止的欲望讓他們忘記了這樣一個道理：你的錢越多，錢的價值就會越少。

　　比如，一個擁有數不清的黃金寶藏的人，他要怎麼去處理那些錢？難道他能夠吃掉它們嗎？當你擁有的財富數量超出某一個限度之後，金錢就會喪失所有的價值，但貪婪的欲望讓人們處在瘋狂之中，對此毫不顧忌。

　　生活在鋼筋水泥堆砌而成的城市裡的人們，為了適應越來越快的生活節奏而疲於奔命。站在人潮洶湧的大街上，我們常常會看到形形色色的人邁著姿態各異的腳步南來北往，各種型號的車輛川流不息。正如我們的生活，忙碌似乎已成為我們生命的主旋律。整個人類社會都生活在一種瘋狂的狀態之下，伴隨而來的壓力，使我們沒有時間去慰藉自己的

心靈，人們很難放開來享受一段輕鬆的時光，他們甚至會因為輕鬆而感到恥辱，而被譴責成為懶惰。我們並不反對工作，工作具有很大的實用價值，但是只有實用價值，它不能成為我們生命的一切。我們要工作，但是不要沉溺於工作，當我們不工作的時候，我們必須懂得如何放鬆。

放開來意味著你開始以一種更健康、更符合自然的方式去生活，你不再瘋狂地追逐金錢，你不再一直沉溺於工作中，你工作不只是為了物質上的需求，也有心靈上的滿足！工作是為了吃飽穿暖這些最基本的物質需要，放開來是為了心靈的需要，但是可悲的是，大多數的人都抑制了心靈的成長。

有無數的人從來沒有享受過日出的壯美和日落的恬淡，做這些事情在他們看來是在浪費寶貴時間，他們沒有足夠的心力去做這些，而是一直在工作和生產。

放開來是最美的感受之一，你只是單純地存在著，不做任何事情，靜靜地坐在那裡，看草木成長，享受小鳥的啼叫、樹木的筆直，以及花朵那令人迷醉的芳香，你不需要做任何事來證明自己的存在，你必須停止作為，處於一種完全不被工作、忙碌佔據的狀態，沒有緊張，沒有匆忙，沒有煩惱。在這種平靜的狀態下，你會和周遭的環境相融，你會突然覺知到未曾體驗到的美麗！

◆ 放開來的藝術

我們很多時候因為忙碌，因為各種事情的困擾，每天從早到晚地工作，沒有自己的時間。我們沒有給自己的心靈時間，沒有給自己心靈對話的時間，忘記全然地放鬆自己的身體和心靈。其實，要放鬆不需要很

多智慧，它是一種每個人一生下來就掌握的藝術，所有的靜心方法都只不過是幫助我們回憶起那個放開來的藝術。雖然你知道它，但是那個知道卻被社會所壓抑了，因為太久不用它了，許多人們都漸漸遺忘了。其實這種藝術早已存在於我們的體內，我們要做的只是讓它從蟄伏狀態中恢復過來，讓它再度被喚醒。

下面是一些簡單的原則：放開的藝術必須由身體開始。在你的床上安靜地躺下來——這並不需要什麼特別的東西，只需要睡前的一點時間就足夠了。你躺在床上，閉上眼睛開始觀照你的能量，從腳開始，從那裡開始移動，只要向內觀照：仔細地感受身體的每一個部位，是否在什麼地方不太舒服，有緊繃或者扭曲的感覺？在腳的部分、在小腿的部分，或是在肚子的部分、肩膀的部分？有沒有緊張感？

如果你在身體的某個部位發現緊張，那麼你就試著把能量集中在那裡，試著放鬆它，除非你覺得那個部分已經從緊張中解脫了，否則不要從那個點移開。集中能量的時候你可以透過你的手，因為你的手和頭腦相連，你的手就是你的頭腦。

如果你的右手是緊張的，那麼你的左腦也會是緊張的；如果你的左手是緊張的，那麼你的右腦也會是緊張的，所以首先要經由你頭腦的分支——你的雙手——最後到達你的頭腦。

身體只不過是頭腦的延伸，所以當整個身體處在放鬆的狀態時，頭腦就已經有百分之九十放鬆了。這時在你的頭腦裡面只有百分之十的緊張，你要用全力去觀照那百分之十的緊張，憑藉觀照，你頭腦裡的百分之十也會漸漸地放鬆開來。

對你而言，完全喚醒這種放鬆的藝術也許需要花上幾天的時間，也

許會花上幾個月的時間，這因人而異。它是一種訣竅，能夠重新恢復你孩提時代的經驗，在那個時候，你會是非常放鬆的。但是有一點你要知道，沒有人會把這個訣竅教給你，你需要自己在身體裡好好地探尋一番才能完全掌握它。一旦你完全地掌握了這門藝術，那麼在任何時間，即使是白天，你也能夠調節你的身體和頭腦，讓它們處在放鬆的狀態。

放開來就是覺知你不是身體，而是某種永恆的、不朽的東西的方法。你是否會注意到這樣一個現象，當你能感受到身體的時候往往是在你的身體有一些緊張或者不舒服的時候。比如，如果你的肩膀沒有疲憊酸痛，你能覺知到你的肩膀嗎？而當你處於放開來的狀態時，你的身體是完全放鬆的，你就不再只是一個身體，你能體驗到自己的存在。在這種忘記身體的狀態下，你就會隱約地感受到隱藏在你身體裡的一個新現象：你靈性的本質，而這是你走向偉大的靈性旅途的開始。你開始散發出身體裡面永恆的東西：真、善、美，你的美、你的慈悲與你的光輝都會在放開來的狀態中呈現出來。也許你並沒覺知到，但那些更深層次的東西確實若有若無地顯現了出來。

例如，當你真心笑的時候，你的笑已經不再拘束、不再有束縛，現在你的笑已經成為你的自由。你的笑不只是從頭腦，而是從你的心裡發出，那時候你是很放鬆的，雖然你並沒有覺知到。你正處於一種放開來的狀態。那就是為什麼笑能夠令人健康愉快，沒有其他任何東西能夠帶給你那麼多的好處。但是笑被某些人所阻止了，那些人也是阻止你去覺知放開來的陰謀者，如此一來，整個人類都被嚴肅的氣氛所籠罩。

### ◆ 身體的美麗

你的身體是上天賜予的禮物，請你欣然地接納它，並且以它為驕傲，愛它、享受它。如果你開始用心觀照你的身體，你會發現它在變化——變得越來越好。身體是靈魂的棲身之地，學會照顧你的身體，不要用食物來填塞它，也不要讓它忍飢挨餓。關心你的身體，傾聽身體的需要——它在什麼時候想要休息，在什麼時候想要放鬆。

當你完全地融入你的身體時，你會發現身體很自然地變得沒有任何問題。如果你忽視你的身體，不關心它、不去看它、避開它，身體就會出現一些問題。

動物從來都不會因為自己的身體而煩惱，牠們的頭腦不會製造出美與醜的概念來困擾自己。即使是河馬也享受自己的身體，牠不會想：「為什麼我長成這個樣子？」身體不會出現任何問題，所有的問題都源自你的頭腦，是頭腦裡的概念在否定你的身體。

拋棄那些困擾你的概念，愛你的身體，愛上天賜予你的禮物，享受它、照顧它，合理地飲食、適量地運動。身體是你的工具，好好照顧它，它會變得非常美。它的確很美，無論在任何時間、任何地點，你睡著的時候、醒著的時候、有覺知的時候、沒覺知的時候，它都在不停地運轉著，即使是在你沒有觀照它的時候，它依然默默無聞地運作，做它該做的事情，無私地為你服務。難道我們不應該感恩自己的身體嗎！

真正的祈禱不是由頭腦發出的，而是經由身體發出的。一切真實都必須從你的身體產生，這是我們應該有的最基本的堅持。但是有些人卻告訴你，你不是身體，身體甚至是你的敵人，這些理論是在摧毀你和

身體之間的橋樑，他們要你仇恨身體，讓你以折磨身體的方式來實現所謂的救贖和成長。難道真的要用這種方式來實現靈性成長嗎？我要告訴你：唯有愛你的身體、關心你的身體、照顧你的身體，你才能更接近神。神在你的身體裡面，折磨你的身體就是折磨神。頭腦應該遵循身體，身體本身比頭腦更具有智慧，它知道該如何跳舞、如何歌唱、如何跟著神律動。

當第一束光線照亮大地，無數的生命開始蘇醒，它們開始隨著陽光的照耀而變得興奮，它們知道夜晚結束了、黎明到來了，鳥兒開始覓食，花朵張開來吸收陽光，小草隨著風一起跳舞。靈魂是在神裡面，身體也是在神裡面，只有頭腦是在神的外面……

當你學會了身體的祈禱，當你允許身體祈禱，靈魂的祈禱就會隨之而來。當身體開始跟著神性振動，你會在剎那間體會到自己的靈魂也跟著振動，你將會實現身體和靈魂的統一和整合。

### ◆ 身體和情感的關聯

身體的運轉是無意識的，你的身體很可能被一些你沒有察覺到的東西壓抑著。你感覺不到你的手指是不是被憤怒的情緒壓抑著，如果你能感覺到，你就會活得很痛苦，憤怒的情緒會把你的手指憤怒地往下拉。大自然的機制讓你感受不到手指上壓抑的憤怒，你意識不到憤怒累積在那裡，但它成了你身體結構的一部分。

身體機制的運轉是在無意識的情況下完成的，你不會感覺到它。當任何東西從意念移向身體，它就會從意識移向無意識。身體是無意識的，當你悲傷的時候，你意識到了悲傷，卻沒有意識到身體釋放這個能

量的化學反應。不管你有沒有把悲傷表現出來，你都察覺不到這些注入血管中、以特定能量產生的攻擊行為背後的化學反應。如果你沒有用掉它，它一定保存在某處，你將延伸出一個複合體：這個悲傷的能量變成你肌肉結構的一環，變成你身體的一部分。

但是身體本身也能表現出我們內心的感情，因為內心的感情會影響我們身體的姿勢。身體和內心的情感有很深的關聯，特定的內心感受會讓我們產生特定的身體姿勢。如果姿勢改變了，內心的情感會跟著改變；內心的情感改變了，姿勢也會改變。

印度人在過去從來不使用椅子，因為椅子會在一定程度上改變你的身體姿勢。當你坐在椅子上的時候，你就產生了特定的姿勢，漸漸的，這種姿勢就會成為部分固定的你。

如果一個人可以毫無禁忌地表達自己的感情，想哭的時候就哭，想笑的時候就笑，那麼他的身體姿勢一定不同於一直壓抑自己感情的人，兩者的身體結構、形態也是不一樣的。

當一個人笑的時候，他不只是在笑，他的整個身體都在因為笑而改變。你的笑會影響你的身體形態，一個經常開懷大笑的人的肚子形態和一個嚴肅苦悶的人的肚子形態一定是不一樣的。

現在社會中，人們的身體敏感度大不如以前，人們在擁抱的時候沒有感覺存在，在親吻中也感覺不到能量，很多身心靈工作坊都立志於幫助人們找回身體的敏感度。的確，如果身體喪失了深度的敏感度，身體就不是活的。

# 3 靜心的藝術

◆ 學習遊戲風度

現代社會中存在著一個很不幸的事實：整個基於現代心理學的現代教育都教導人們要成為成功的人，要成為強者。

每個人都被告知：社會中的每一個人都是你的敵人，因為每一個人都是你的競爭對手，社會中存在著普遍的競爭，你必須準備好去應付這個競爭的世界。

除非你是一個強大的成功者，否則你無法成為一個總統，無法成為一個首相；你無法很成功地擁有財富，無法出人頭地；你將保持默默無聞，被留置在路邊，而整個競爭者的隊伍將會走在你前面，你將會被每一個人拋在後面。

從最開始，每一個小孩都被錯誤地教導——你必須非常強，否則你將會被打倒。被這種錯誤的觀點所影響，每一個人都試圖以各種方式求得勝利；每一個人都在競爭，想要超越別人，想要變成成功的人。

事實上，「成為強者」的教導是完全不合乎人性的教導，因此很多人都成為這個錯誤世界、錯誤文明和錯誤教育系統下的犧牲者。

有人問：「為什麼接受失敗是那麼困難？」更有人執迷於對成功的追求，寧願犧牲自己的幸福也不願意承認失敗。

想要競爭的意念是自我主義的，是病態的。成為一個失敗者並沒有什麼不對，要勇敢地成為一個全然的失敗者！如果你全力以赴地做某件事，結果還是失敗，那麼就接受它。

在生命的旅程中，成功和失敗總是此起彼伏的。換個角度想想，失敗也不錯，從失敗中學習到的也許比從勝利中學習到的更多、你可以學習臣服，可以學習謙虛，可以學習接受一切生命所帶給你的，而所有這些事情帶給你的將是更成熟的內心。那麼誰會去管誰是勝利者，誰是失敗者？

當別人勝利時，你要為他的勝利高興，這是一種很高尚的品質。不要覺得有挫折感，唯有當你沒有全力以赴時，你的失敗才是一項挫折，如果你已經全力以赴，你就可以使你的失敗變得比勝利更有價值。

把生活當成遊戲，享受它的每一面：失敗、勝利、走入歧途或是找到正確的路、夜晚的黑暗或很美的黎明。學習遊戲風度，一個人必須知道有人會成功，有人會失敗。享受多面的人生，從每一個經驗中學習某種能夠使自己更成熟的部分，學習不那麼嚴肅，具有一點幽默感。

## ◆ 讓勇氣戰勝恐懼

生命是儲存罐，裡面有各種財寶可以挖掘，如果想跟生活打交道，就必須學會使用「勇氣」這一容器。只有讓你的勇氣大過恐懼，你才能從生命的儲存罐裡嘗到甜頭。其實，勇者和懦夫一樣，對待未知的事物在內心裡都會感到恐懼，然而不同的是，懦夫會讓恐懼時刻左右著自己的前進；勇者則把恐懼踢到一邊，對它置之不理，不讓恐懼影響自己對未知的探尋。勇敢的人總是勇往直前，他能夠跨越恐懼。所以，勇者並

不是沒有恐懼，他們也會害怕，但勇者不會讓恐懼阻擋自己進入未知的征程。

當哥倫布開啟發現新大陸的航程時，他一定帶著深深的恐懼，因為在未知的海洋裡，沒有人會知道下一刻會發生什麼。但哥倫布知道「世界是屬於勇敢者的」。在1492年的第一次西航中，因長期漂流不見陸地，水手幾乎暴動，但他在勇氣的引領下執著向西，終於在10月12日凌晨2點，在巴哈馬群島水域發現陸地。就這樣，新大陸被發現了。之後的幾年，哥倫布又進行了三次西航，不斷發現並完善新大陸，而每一次的西航，都少不了不可征服的意志和勇氣陪伴在他左右。

進入未知，一開始，你會戰慄，你的心臟會悸動，但當你勇敢地接受了未知的挑戰，你將充滿活力，你的每一根神經都會變得鮮活有力，生命的旅途將被賦予更多的意義。當一個人開始不斷地接受未知的挑戰，恐懼就會漸漸地消失，取而代之的是未知帶來的喜悅和在挑戰中的心醉神迷，一次次勇敢地嘗試會讓一個人更完善、更敏銳、更強壯。他會繼續發掘和尋找新的冒險，這樣一來，生活中的無聊會越來越少，刺激和狂喜會越來越多。

勇敢就是不斷探尋未知的目標和未知的命運，從熟悉到不熟悉、從舒適到不舒適、從已知到未知的冒險，這將會是一段艱辛的旅程，就像是一場賭博，你永遠也不知道你是否能夠得到你所期待的結果。也許，唯一正確的選擇就是帶著勇氣上路。

最後，當你越來越勇敢，無畏就會產生。它是勇敢的終極經驗，是勇敢完全綻放時的芬芳。

◆ 不設防地進入內在

在外在世界裡，有一種獲得勝利的方式，那就是鬥爭——戰鬥並擊敗別人。這樣的外在世界已經存在了億萬年之久，人們一直不斷地戰鬥著，有時候被別人戰勝，有時候戰勝別人。強烈的奮鬥概念已經被牢固地嵌入人們的頭腦中——唯一能取得勝利的方法就是鬥爭！

每個人的內在都是單獨的，如果你帶著外在世界的奮鬥程序進入你的內在，你將會被擊敗，因為內在沒有人與你對抗。想要在你的內在世界勝利，你需要做的是放下、臣服、順從生命之流，沒有抗爭就是制勝之道。這與外在世界正好相反。事實上，剛開始想要進入內在的人大都會帶著外在世界的制勝武器——奮鬥與防衛進入。

馬基維利代表外在世界，老子、印度聖哲帕坦伽利以及佛陀代表著內在世界，他們教導的是不同的東西。馬基維利告訴我們攻擊就是最好的防衛：「不要等待。如果等別人來攻擊，你就已經處於失敗的一方，你已經失敗了，因為別人已經開始了。想獲勝，最好先出擊。不要等著挨打，要永遠當個侵略者。在別人攻擊你之前攻擊他，用你的狡猾、不實。狡猾、不實、侵略、欺騙，是制勝唯一的方法。」這些就是馬基維利所教導我們的手段。他是個實在的人，他所說的都是外在世界所必須具備的。

但是如果你請教老子、帕坦伽利或佛陀，他們會告訴你不同類型的勝利——內在的勝利。在那裡，狡猾、不實、侵略、欺騙、攻擊沒有用武之地，你要欺騙誰？你要攻擊誰？在那裡只有你自己。在外在的世界你從來沒有獨自一人過，別人都在，他們都是你的敵人；在內在的世界，你是單獨的，除你之外沒有任何人，沒有敵人也沒有朋友。你完全

不熟悉這樣的情況，你帶著原來的武器進入，而那些武器也將成為你挫敗的因素。所以，當你進入內在時，請放下你從外在世界學到的一切。

有人問尊者拉瑪那‧馬雜湊：「我怎樣才能寧靜，怎樣認知我自己？」 據說拉瑪那‧馬雜湊這樣回答：「達到內在的本性，你不需要學習任何東西。學習不會有所幫助，只有你處於外在世界時才會有所說明，你需要忘記。丟棄、忘記才會對內在的本性有所幫助。」

把你學過的東西通通放下，帶著孩子般的天真本質移向內在，別擔心會有人躲在暗處等著向你進攻，這樣的忐忑完全是沒有必要的，你需要做的就是敞開內心，接受一切。

◆ 愛與責任

生活中有些人一直被肩負的責任所重壓——你有贍養父母的責任，你有照料小孩的責任，你有關心伴侶的責任，你對你的鄰居有責任，你對社會有責任，你對國家有責任，似乎你活在世上就要對每一個人負責任——除了你自己。這真是一個奇怪的現象。

有一個女人在教她的小孩時，說道：「宗教教導我們的最基本的一件事就是要服務別人。」

那個小男孩說：「我知道了，但是有一件事我不明白：別人要做什麼？」

那個母親說：「當然，他們也要服務別人。」

那個小男孩說：「好奇怪啊，如果每一個人都在服務別人，那麼為什麼我不服務我自己，你也服務你自己？為什麼要把事情弄得複雜化，而使它成為一個負擔——我必須要服務於別人，同時等別人來服務我

呢？」

在小男孩天真的話語中，存在著一個真理，那是被所有的宗教都遺忘的真理。事實上，宗教、政客、老師、父母和所謂行善的人改變了責任的意義，他們把責任看成是義務，責任的意義已經變質了。

而我要說，你永遠不要因為那種義務而做任何事。真正能把一件事做好的是愛，你需要因為愛而做某些事，而不是因為責任，讓你的生活成為一個愛的生活。

有一個住在非洲的印度教聖人，他來到印度朝聖，他最希望拜訪印度巴德里那斯和卡德那斯的聖廟，這兩座聖廟是很難到達的地方，很多人都有去無回。那裡的道路非常狹窄，並且終年積雪，空氣非常稀薄，以至於呼吸都很困難。而且道路的旁邊是深不可測的山谷，如果稍有不慎，就會粉身碎骨。

儘管面臨如此大的危險，那個印度教聖人還是出發了。為了更方便地前行，他只帶了很少的行李。在朝聖的路上有一個女孩，她看起來很小，最多也就是十歲，她走每一步都很艱辛，不僅是因為這險惡的環境，還因為她背著一個很胖的小孩，她一直在流汗，而且喘氣喘得很厲害，當那個聖人經過她的身邊，他說：「親愛的女孩，你一定很累吧，你背上的孩子那麼重。」

那個女孩聽了，很生氣地說：「你所背負的是一個重量，但是在我肩上並不是一個重量，他是我的弟弟。」

對於小女孩的話，那位印度教聖人感到很震驚。小女孩是對的，這之間有一個差別，如果是在秤上當然沒有差別，不管你背的是弟弟還是一個背包，秤上都會顯示出實際的重量。但是心不是秤，就心而言，那

個女孩肩上是她深愛的弟弟。

愛可以化解重量，愛可以消除重擔，愛讓責任變得美麗，沒有愛的責任只是一個沉重的包袱。

### ◆ 柔弱的力量

我們每一個人都是柔弱的，是社會這個廣大海洋裡一個極小的部分、極小的點滴，這個極小的部分對於強大的社會是柔弱的。

但是，社會中的每一個人總是時時刻刻地被教導要堅強，身邊發生的每一件事情都要求我們成為積極的、強勢的、鬥爭的、有野心的、有競爭性的人。我們被教導要堅強，卻從未有人告訴我們臣服的意義和柔弱的力量。

柔弱與堅強，看起來是對立的，卻可以同時存在。大部分人會認為剛硬的東西一定很堅固。但事實上，恰恰是那些看似柔弱的東西，是最堅強的。堅硬的東西往往容易破碎、斷裂，甚至粉身碎骨，但柔弱的東西可以更加綿長。

為什麼我們覺得自己必須堅強和勇敢？事實上，是柔弱想要成為堅強，這有一點複雜，但我們不妨探索一下，試著去瞭解它。是柔弱想要成為堅強，好讓柔弱隱藏在堅強之中；是自卑想要成為高傲，好讓自卑掩蓋在高傲之中；是無知想要成為廣博，好讓無知能夠湮沒在知識之中。

外在越呈現出堅強，內在就會讓柔弱的一面更加清楚，情形就是如此：你覺得內在貧乏，於是開始奪取，變得貪婪，開始佔有更多，這種情況一直繼續，沒有結束，而你的整個人生就浪費在積聚上。然而你積

聚得越多，就越清晰地感覺到內在的貧乏。

當你明白了是柔弱想要變成堅強的時候，你就不會想要變成堅強，而當你不想變成堅強，柔弱就無法在你的內在停留。因為只有跟想要堅強的概念結合在一起，柔弱才能夠停留，它們是一體的，就好像磁鐵的正負兩極總是一起存在一樣。放棄堅強，有一天你會驚訝地發現，柔弱會消失了，生命因此開始歡舞。

# *4* 在親密關係中成長

## ◆ 學會單獨生活

在現實生活中，我們總是依賴著別人、依賴著愛的客體來填補自身存在的某些洞，我們總是透過洞察別人的眼睛來觀看自己的形象，所以一旦愛人消失，就會突然產生一個洞。因為你失去了一面可以看到自己的臉的鏡子，失去了自己的臉……

在一對戀人面臨分手的時候，才是真正的難題。他們彼此之間已經互相在對方身上投資了太多，因此，即使兩個人的感情已經消失了，卻仍然還在一起，他們承擔不起失去對方的結果。

丈夫和妻子繼續依附在一起，雖然他們很清楚現在已經沒有理由再依附在一起了。愛在很久以前就消失了，或者也許它一開始就不存在。

曾經有一千零一次，他們想分開，但是那個分開的念頭會帶來恐

懼，因為自己的那個形象在別人的手裡，一旦別人不復存在，自己就不知道自己是誰，突然間，自己就失去了對自己的認同；突然間，每一樣東西都變得一團糟……

當你開始跟自己單獨生活，那是一個洞，不要試圖去填補它，讓它就這樣，雖然很困難、很痛苦，你會覺得很沮喪、很悲傷，但是為了學習單獨生活，就必須讓它這樣。

大多數人都不喜歡孤獨，害怕面對孤獨，而哲學家告訴我們，孤獨也是幸福和安定的源泉。叔本華曾經說過，孤獨至少有兩個好處，其一，孤獨可以使我們成為自己。每天都處在人群中，會使我們漸漸忘了自己是誰，忘了思考自己的內心究竟在發出怎樣的聲音。而處在孤獨中，我們就會有空閒去思考這些最本質的東西。其二，孤獨使我們用不著和別人在一起。在此，叔本華說道：「在這兩個好處中，第二條尤其重要。因為社會交往意味著煩擾，甚至是危險。拉布葉說過：『我們承受的所有不幸，皆因我們無法獨處。』節制與人交往會使我們的心靈平靜。」

這並不是說我們一生都要單獨生活，而是說我們首先要學會單獨生活，然後再找一個伴侶，那麼兩個人的關係將會處於一種完全不同的層面，對方將不是一面鏡子。你可以單獨一個人生活，唯有如此，你才能夠愛，這樣愛就不再是一個精神不健全的需要，也不再是某種你必須依靠它來定義你自己的東西。

當你不需要依附親密關係來認知自己的存在，知道自己是誰的時候，愛就變成了一種分享，如此一來，愛就不再是一種需要，而是一種奢侈。當愛是一種奢侈時，愛就是很美的。

## ◆ 愛與自由形影相隨

當我們在開始一段兩性關係之前，或者說在開始一段婚姻關係之前，應該認識到以下三點：

第一，沒有人是為另外一個人而生的。

第二，沒有人是為滿足別人的理想而活的。

第三，你是你自己的愛的主人，你想要給多少，就給多少，但是不能夠向別人要求愛，因為沒有人是你的奴隸。

如果這些簡單的事實能夠被認知，你們能夠在相處中把空間留給對方，不干涉對方的個體性，那麼你們的親密關係將會是和諧安寧，同時又幸福滿溢的。

當你們之間的關係更進一步，變成婚姻時，愛將會成就一段完全不同的婚姻，它是絕對不尋常的，跟結婚登記無關。你或許也同樣需要結婚登記，社會的認可是需要的，但那些都只是在周邊，婚姻不再只是一種社會上的形式認同，不是一種制度，不是一個枷鎖。這段婚姻中核心的部分是心，再核心的部分是自由。當愛變成婚姻，就意味著兩個個體決定在一起生活，但是你們應讓自己和對方處於絕對的自由之中，互相不佔有對方。要知道，愛是不佔有的，而是給予自由。

愛是生命中的最高價值，婚姻只是微乎其微的一種形式，分享愛的喜悅，分享愛的自由，不要變成對方的負擔，這才是愛的表現。

愛和自由是形影相隨的，我們無法選擇其中之一而拋棄另一個。一個懂得自由的人充滿了愛，而一個懂得愛的人總是願意給予自由，自由是愛的一種表達。如果你不能夠把自由給你的愛人，那麼，你要把自由給誰呢？

所以，請記住，親密關係的目的並不是要禁錮對方，或是把你們兩個人牢牢拴在一起，而是要彼此一起成長。但是成長需要自由，在過去，大部分人似乎都忽略了這樣一個真理：沒有自由，愛就會死掉。

◆ 婚姻是更深的親密

我們想要在世界上有一種更關乎內心的關係，這種關係被稱為「關聯」，只是為了要使它跟舊有的關係有所區別，世界上應該有一種更幸福的婚姻，我們不稱它為婚姻，因為從某種意義上來講，「婚姻」這個名詞已經被毒化了，我們喜歡稱它為友誼……因為純粹的愛而在一起，享受兩人在一起的每一個當下。

如果你們在這個當下互相愛對方，如果你們在這個當下互相享受對方的存在，而下一個當下將會由這個當下產生，那麼，愛將會變得越來越豐盈，隨著時光的流逝，你們的愛將會加深，它將開始進入新的層面，但不會產生任何枷鎖與禁錮。

我們都清楚地知道，男人和女人需要在一起，但這不是出自需求，而是出自內心洋溢的喜悅；不是出自貧乏，而是出自心靈深處的豐富，因為你擁有那麼多，所以你必須傳播和給予。就好像一朵開得嬌豔的花，它的芬芳會自然而然地釋放到風中，讓周圍也芳香瀰漫。又或者就像一朵雲來到空中，它必須將雨滴灑落下來，因為它充滿著雨水，所以必須潤澤大地。

婚姻是為了追求生命更深的意義：為了親密，為了一種彼此間的相互歸屬感，為了要完成一個人無法完成的事，為了要去做兩個人可以一起做的事，為了要去做需要兩個人在一起、心靈相通、擁有默契才能夠

做的事。在這個對愛飢渴的社會裡，我們因為浪漫的愛而結合。

　　然而，能夠成就美滿婚姻的卻不僅僅是愛，愛只是其中的一小部分，我們會因為愛一個人而跟他結婚，但是當彼此之間的激情消失，靠愛維持的新鮮感消失，這時候無聊就進入了我們的婚姻生活。

　　美滿的婚姻還應該包括更深的友誼和更深的親密。有許多事情你永遠無法單獨一個人去完成，即使是你的成長也需要靠別人反映出來，每個人都需要一個非常親密的人，你能夠對他或她完全敞開自己。而婚姻的目的就是找到這樣一個人，並在你們兩個人未來的日子裡，相依相伴，共同成長。

◆　甜蜜永在

　　我的一個朋友曾經向我抱怨他的妻子，他說他的妻子總是拉長著臉，從來沒有溫柔地對他微笑過，她似乎總有讓她感到沮喪的事情，因此家裡的氣氛總是陰沉沉的，他寧可把時間浪費在酒吧夜店裡，也不想回家。

　　於是我告訴他：「你的妻子不對你微笑，但是你可以試著對她微笑，就當是做一個實驗，看看她會有什麼反應。」

　　朋友說：「你覺得我能做到你所謂的『實驗』嗎？當我看到我妻子的臉凍結在那裡的時候，我怎麼能笑得出來呢？」

　　我說：「你就權當是一個實驗，說不定會有意想不到的結果。今天你要做的一件事情就是：帶一些巧克力和玫瑰花，然後哼著小曲、帶著微笑踏進家門。怎麼樣？你願意試試嗎？」

　　朋友說：「好吧，但是我不能確定我這樣做了之後她是不是會用看

傻瓜那樣的眼神看著我！」

我說：「別擔心，我會在後面跟著你的。」

於是我陪著朋友買了玫瑰花和巧克力，在和他一起回家的路上，我看到他有幾次都忍不住笑起來，於是我問他為什麼要笑。

朋友說：「我想到即將要做的事情就想笑，我嘲笑我自己，向你抱怨我妻子，其實是想聽到你要我和她離婚的建議，你卻讓我像度蜜月一樣地行動。」

我說：「如果你真的全力以赴，拿出度蜜月時的熱情，說不定你們的關係會重返蜜月時的甜美呢。」

到了家門前，朋友打開門，他的妻子剛好在客廳，他努力地笑了笑，把玫瑰花和巧克力遞到了妻子手裡，而他的妻子，我能感覺到她幾乎像是石頭一樣僵在了原地。

這個女人似乎不敢相信剛剛發生的事情，當朋友去廁所的時候，她問我：「天啊！太陽從西邊出來了嗎？他從來沒有帶過任何東西回家，在家裡也從來沒有見他這麼高興過，他從來沒有讓我覺得他依然愛著我，到底發生了什麼事？」

我告訴她：「沒什麼，只是你們兩個一直都在用錯誤的方式相處。如果你願意，待會他出來的時候妳可以給他一個擁抱。」

她說：「一個擁抱？」

我說：「是的，我知道妳已經給予了他很多東西，現在，妳要給他一個擁抱，親吻他。他是妳的丈夫，妳們決定要生活在一起。不論是喜悅地生活或是喜悅地分手，都沒有理由對彼此冷漠。人生是如此的短暫，為什麼要讓無謂的冷漠浪費兩個人的一生呢？」

當我朋友從廁所出來時，她遲疑地看了我一眼，我給了她一個肯定的眼神，於是，她抱住了自己的丈夫。我想，這個擁抱，應該是他們渴望已久的吧。

我的朋友和他的妻子經歷這件事之後，真的找回了蜜月時的甜美。朋友對我說：「我從來沒有想到過還能和她相擁在一起，她美麗的微笑又回來了！」

兩個一起生活的人應該將他們關係的持續成長作為一個目標，每一天都為對方帶回花朵，這花朵可以是一句甜蜜的情話，可以是一個溫暖的臂膀，也可以是一個肯定的眼神，在生活的每一刻都能創造出喜悅，婚姻就會是幸福的。

## ◆ 保留愛的空間

在處理兩性關係時，女人明白了男人的心理才能避免在愛中傷害彼此。其中很重要的一件事情就是：每一個男人都嚮往自由，他們需要一個只屬於自己的空間。如果你愛一個男人，而且你想要他也愛你，那麼一定要記住：永遠不要完全填滿他的空間，至少保留四分之一的空間給他，絕對不要去侵犯屬於他的這部分空間。

曾有這樣一句話：「愛情只是男人的一個章節，卻是女人的一本書。」這就是女人和男人之間的差別。女人的頭腦可以充滿愛，女人的整個存在都可以毫不保留地進入愛——對一個男人的愛；而男人並非如此，男人需要更多其他的愛，對女人的愛只是男人各種愛的其中之一，男人也會喜愛音樂、詩歌、繪畫、釣魚，等等。男人大都嚮往無拘無束的生活，他們的骨子裡都有一匹野馬，不喜歡被拴在某一個地方，而喜

歡不停地追求新的東西，喜歡冒險而刺激的人生。

對女人而言，愛情已是全部。一旦女人找到一個她愛的人，就會想在每一個角落裡窺探他，從每一個縫隙裡填補他，想要填滿他全部的空間。然而這樣的做法只會讓男人害怕她，因為男人要保留自己的一點空間，要在某個地方不受打擾，想要在某些時候享受其他的愛給他帶來的快樂，所以，如果一個女人想要得到男人長久的愛，則必須留至少四分之一的空間給男人，這是一種交易！如果女人非要一個男人的全部，那麼最終她將會失去全部。

對女人來講，愛是她們的整個存在。如果女人有那個能力，她會使她的愛人再度成為一個小孩，將他放在她的子宮裡，好讓她能夠時刻包圍著他，而不再擔心他會逃走。但這是不可能的，所以女人在男人的周圍創造出一個心理的子宮，那就是家。

如果男人在讀書，她也會抱怨說他對讀書比對她更有興趣，或者如果男人在看電影，她也會抱怨說他對電影更有興趣。每一件事似乎都具有競爭性，女人想要男人全部的注意，但這對一個男人來講是不可能的，如果女人以強勢的態度要求他全部的注意，那麼他將會逃走。

#### ◆ 給女人全然的自由

有一個古老的傳說，講述了一個關於男人和女人的故事。造物主在創造男人之後，採用爬蟲類的曲線、樹葉的輕盈、烏雲的哭泣、老虎的殘忍、溪水的溫柔流動、冰雪的寒冷，和鳥兒的喋喋不休創造出了女人，並將女人給了男人。

三天之後，男人來到了神面前說：「你給我的這個女人經常說個

不停，從來不讓我安安靜靜地獨處片刻，還經常提一些我覺得無理的要求，佔用了我所有的時間，有事沒事就哭，而且總是遊手好閒地待在家裡，所以我想請你把她帶回去。」

於是神就把她帶回去，但是沒過多久，男人就再度來到神的面前說：「女人以前經常唱歌跳舞，還總是溫柔地注視著我，她喜歡遊戲，當她害怕的時候，她就抓住我，她爽朗的笑聲就好像音樂，而且她美麗至極，所以請你將她還給我。」

於是全能的神就再度將她送回給男人，但是三天之後，男人又將女人帶回來，要求神帶回她。神說：「不，你不想跟她住在一起，但是你又不能沒有她而生活，你必須想出一個最好的辦法來與她相處。」

而和女人安然地相處，就需要男人給女人全然的自由。

如果在一段兩性關係之中，女人成為被動受制約的一方——好幾個世紀以來，她們一直都是如此——她們也會以一些微妙的方式使男人受到制約。女人的方式是很微妙的，她不會直接跟你抗爭，而是間接的，女性化的，她會藉由傷害她自己、哭泣、撒嬌等方法來駕馭男人。

女人需要的是一次真正的解放，需要充分發揮強大的女性特質。有很多事需要依靠女人，女人遠比男人重要，因為在她們的子宮裡攜帶著女人和男人，她們必須照顧男孩和女孩，必須滋養兩者。而一個真正強大的女人，即使她的外表看起來非常單薄與柔弱，但仍然能夠駕馭一個非常強大的男人。

女人需要全然的自由，好讓她們也能夠給男人自由。如果女人沒有辦法很自由地真正成為女人，那麼男人在生命中也會受到制約與束縛。女人的自由是男人的自由所必需的，它是比男人的自由更基礎性的東

西。

所以男人必須記住的基本原則就是：如果你使一個女人成為奴隸，那麼到了最後，你也會淪為奴隸，因為你無法保持自由。如果想要保持自由，你就要將自由給你的女人，那是實現自由的唯一方式。這就像是兩性專家經常說的：「把女友當成女王，你就是國王，把女友當成女僕，你也只是個管家。」

### ◆ 母性是一項偉大的藝術

成為一個母親是世界上所有女人最大的心願之一。孩子跟世界的第一個接觸就是與母親的接觸，和母親相處是孩子的第一個關係，而這第一個接觸與第一個關係將會和孩子今後其他每一件事都有關聯。所以如果孩子的第一步出錯了，他的整個人生就會出錯。

母性是一項偉大的藝術，不要以為成為一個女人就理所當然地必然會成為一個母親，一個女人應該認真地學習如何做一個合格的母親，因為母親是在承擔一個人所能夠承擔的最偉大的責任。所以，從現在開始學習吧！

首先，永遠不要佔有小孩，別把你和孩子之間的關係當成從屬關係。

孩子是透過你而來到這個世界上的，但他不是你的，你只是帶孩子來到世界上的一個媒介，孩子並不是你的私有物品。愛他，但是永遠不要佔有他。一旦母親開始佔有孩子，那麼他的人生就被摧毀了，他被看作一樣東西。要知道，一個杯子能夠被佔有，一輛汽車能夠被佔有，但是一個人從來不能夠被佔有。

這是作為母親應該知道的第一點，在孩子出生之前，你應該以他是一個獨立的人來歡迎他，而不只是把他當作你的孩子。

其次，像對待成年人一樣，用尊重的態度對待孩子。

永遠別把孩子看成孩子來對待他，要以深深的尊重來對待孩子。孩子非常脆弱、無助，母親有意無意間會斥責他，把自己的情緒發洩到孩子身上。孩子是弱小的，他不能夠怎麼樣，沒有能力報復，不敢頂撞。

像成人一樣地對待小孩，要非常尊重他，把他當成一個獨特的個體，不要試著將你的意念強加在孩子身上，不要試圖強加任何東西在孩子身上，給他足夠的自由讓他去探索這個世界，而你要做的就是給他能量、給他保護、給他安全，幫助他在探索世界中變得越來越有力量。當然，在自由中孩子會犯錯，所以，要在適當的時候給他提醒。

再次，讓孩子的成長聽命於本性、聽命於自然。

任何自然的東西都是好的，即使可能有時候對你來講很困難，很不舒服……因為你並不是按照自然而被養大的，你的父母並不是以真正的藝術和真正的愛把你養大的。但你仍應該讓孩子的成長聽命於自然和本性，這才是孩子最好的成長方式。

最後，讓孩子在子宮裡就感受到快樂。

在孩子出生之前，母親應該盡可能地給予心靈更多的力量。當孩子在母親的子宮裡時，你做的任何事都會以某種方式傳達給孩子。如果你生氣，孩子會立刻感覺到它；如果你悲傷，孩子也會立刻感覺到無趣和沮喪。孩子完全依靠你的情緒來感知這個世界。

母親的心情就是孩子的心情，在那個時候，孩子是不獨立的。所以，負面的心靈能量會讓孩子感受到痛苦，如果在孩子沒出生的時候，

就讓憤怒、恨、衝突進入孩子的頭腦，那麼你就是在為他製造地獄，他將會受苦。正面的心靈能量能讓孩子保持快樂，而這樣一個孩子的出生，將會帶來更多的歡樂、更多的歡笑和愛。

# 5 靈性成長和物質進步

## ◆ 整合靈性與物質

靈性的成長和物質的進步並不是相互衝突的，兩者能夠一起進行。但需要注意的是，物質的進步必須擔任僕人的角色，而靈性的成長應該處於主人的位置。在任何情況下，靈性的成長都不應該讓步於物質的進步。

如果有需要，物質進步要為靈性的成長而犧牲，如果這個觀念被全然地執行，那就沒有問題，問題的產生在於你過於追求物質的進步，而你仍然想要在靈性方面成長。

靈性如果處於僕人的地位是無法成長的，你的靈魂不可以是你身體的僕人，你的靈性必須成為主人，然後每一件事都能夠由僕人來運作，來幫助靈性。

不需要去劃分生活，對於那些能夠這樣操作的人——把心靈的成長視為主人，而物質的進步只是對靈性成長的一個幫助。

在靈性成長的道路上我們必須先把這一點弄清楚。

有些人選擇了一半——心靈的成長——而害怕物質的成長，也許他們認為，物質發展強大或許會變為主人，或許會占盡先機。有些人則走到另外一個極端，他們將他們的整個能量都貢獻給物質的進步，完全忘記只有物質的進步是沒有意義的，它無法引導你到任何地方，只能夠引導你遭受深深的挫折，最終進入無意義的生活。物質無法給你和平，無法給你寧靜，無法使你覺知到真理，到了生命的盡頭，你的兩手還是空的，你的整個人生只不過是一個沙漠。

無論是在心靈上是貧乏的，在物質上是富有的人，還是在物質上是貧乏的，在心靈上是富有的人，都只有一半，因此會承受巨大的痛苦。人們應該努力作一個整合，而整合是可能的，只要記住誰是主人，誰是僕人。

◆ 用真誠經營生意

如果你想要同時駕馭兩匹馬，那肯定是一件困難的事情，你必須知道魚和熊掌不可兼得的道理，你會說：「如果我想要自由、想要全然地活在當下，那麼這和做生意是相悖的。」其實，生意也可以用真實和真誠來做，你需要做的是改變你做生意的態度和方法。

我的祖父是一個如此真誠無私的人，以至於我父親和我叔叔在看店的時候，最不希望的事情就是我祖父在店裡。他們會跟我祖父說：「不如您去休息一會吧，或是出去走走。」但是有些顧客還是要找我祖父，有時候他不在，顧客就會說等他回來的時候再來找他。

我的祖父不像一個精明的生意人，他會直截了當地告訴顧客：「我進貨的成本是十塊錢，我只賺你百分之十，所以這東西十一塊賣給你，

你難道連給百分之十的利潤都覺得遲疑嗎？那麼我們要怎麼生活？」

當然了，顧客會立刻跟他成交，然而我父親和我叔叔卻認為這樣做於我們來說就虧大了。他們會從二十塊錢開始要價，然後是一陣口沫橫飛地討價還價，如果顧客十五塊錢買走了東西，一定會覺得自己省下了五塊錢，而實際上，他是多付了四塊錢。

即使我父親和我叔叔不讓我祖父看店，但是他會說：「有些老熟客認識我，也認識你們，我會告訴他們，如果你們來剛好我不在，那麼就等一等，我很快就會回來。」他甚至還對那些顧客說：「不管是西瓜掉在刀子上還是刀子掉在西瓜上，永遠都是西瓜被切開，而不是刀子被分開，所以要小心生意人。」他有他自己的顧客，他們來的時候甚至都不提他們要幹什麼，他們就坐在那裡，然後說：「等他老人家回來再說。」

生意也可以用真誠和真實來做，不一定要耍花招、剝削或欺騙。贏得更多人的信任難道不是一件比賺了更多錢更好的事嗎？

◆ 金錢是一種工具

金錢是一種工具，而執著於工具就是一個人最大的悲哀，也是最大的禍因。

金錢不應該變成生活的目標，但我並不是說你必須將它丟棄而變成乞丐，如果你能夠恰到好處地使用它，它將成為一項很好的工具。我並不反對金錢，金錢本身並沒有好壞之分，關鍵在於你怎樣使用它，怎樣看待它。如果你對金錢沒有很強的佔有欲，如果你不執著於金錢，金錢可以是很美的。

金錢就好像流淌在身體裡的血液，金錢在社會的身體裡循環著，金錢對於社會，相當於血液對於人體，金錢幫助社會變得生機盎然、豐富多彩、鮮活跳躍，就像血液一樣。

你一定知道關於血液凝固而無法正常循環的疾病，血塊將血管堵住，造成身體裡面的血液無法流通，如果那個血塊堵住心臟，人就死掉了。

如果金錢能夠流通，從一個人的手中流到另外一個人的手中，那麼「血液」就能夠循環得很暢通，社會就變得很健康。

而當某一個地方有人在累積金錢，不分享，他就成了血液循環裡的一個血塊。那個人會妨礙到整個系統，不但他自己沒有好好生活，還阻礙了別人。受到了他的不良影響，金錢停止循環。

血液循環是生命的保障，血液停止了、受阻了，就意味著死亡；金錢循環就是社會健康的保障，金錢停止了、受阻了，社會必將受到不好的影響。

一個人必須有錢，必須賺錢，然後正確地使用它。擁有錢就是為了要使用，而使用也是為了要擁有，這形成了一個循環，然後一個人就變成兩種人，既是吝嗇的人，也是棄俗的人。當你既是吝嗇的人，也是棄俗的人，你就兩者都不是，你只是在享受任何金錢所能帶給你的快樂。

每個人都應該承認：金錢能夠給予我們很多快樂，然而至極至樂的體驗卻是金錢不能給予的。當你使用金錢的時候，你就知道金錢能夠給予什麼。金錢能夠給予一切外在的東西，如擁有一輛漂亮的跑車，一座漂亮的洋房，並沒有什麼不對。但是金錢無法給你愛，如果你要求金錢給你愛，那麼你對金錢的期望則太多了。

一個人應該只期望那個能夠被期望的，不應該執迷於不可能的東西。當你要求金錢給你愛，金錢肯定是做不到的，你是在要求一個心靈成熟的人從來不會要求的東西，你這樣做是不對的，僅此而已，而金錢本身並沒有什麼不對。

### ◆ 富有的層面

富有並不只是意味著擁有更多的財富或金錢，富有包括更多的層面。在我看來，富有的人是一個具有敏感度、創造性和接受性的人。

單單從金錢方面來說，一個詩人或許是貧窮的，但是他擁有金錢也買不到的敏感度，他比任何富有的人都富有；一個音樂家或許並不富有，但是就他的音樂而言，沒有財富會比他的音樂更富有。這就是為什麼我說：「一個梵谷遠比亨利‧福特更富有」。

具有金錢只是諸多層面的其中之一。根據我的看法，擁有金錢的人也是一個具有創造性的藝術家：他創造財富。

並不是每一個人都可以成為亨利‧福特，他擁有超凡的才智和令人驚嘆的創造力，雖然他所創造的是世俗的東西，不能夠跟貝多芬的音樂、尼金斯基的舞蹈，或是尼采的哲學相比，但他創造的東西具有很強的實用價值，在物質生活層面讓人們受益匪淺。如果世界上有更多個亨利‧福特，世界一定會變得更好。

同理來說，貧窮也是擁有多個層面的，窮人是一個頭腦有障礙的人，他或許很有錢，但那並不能實現他心靈上的富足，他不懂古典音樂，不懂詩歌，不懂哲學，不懂人類心靈高層次的東西。是的，貧窮的其中一個層面是一個人甚至沒有賺錢的能力，他是窮人裡面最窮的，因

為金錢是如此世俗的一樣事物，如果你無法創造它，那只能表示你沒有足夠的聰明才智。

只有具有富有的頭腦和本質的人能夠瞭解那最終的和那宇宙性的層面。如果一個人連吃飽穿暖都成問題，那麼他又怎麼會關注心靈層面的東西呢？

人類的需求像是一個階梯，只有當一些基本的需要被滿足後，人才會去追求更高更深的東西。首先你身體的需要必須被滿足，你必須能夠吃飽穿暖；然後你心理的需要必須被滿足，在這個社會上你能創造出讓別人認同你的價值，只有到那個時候，你才會開始渴望靈性的成長。而我是你們的一個朋友，那些渴求在靈性的成長中體驗生命歡樂的人的朋友，並且，對我來說，他們都是富足的人。

心靈導師帶來的
36堂靈性覺醒課

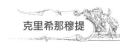

# Part 2

# 克里希那穆提

從混亂走向清明

**克里希那穆提 簡介：**

蕭伯納稱他為最卓越的宗教人物，說「他是我所見過的最美的人類」。

亨利‧米勒說：「和他相識是人生最光榮的事！」

赫胥黎則說：「他的演說是我所聽過的最令人難忘的！就像佛陀現身說法一樣具有說服力。」

紀伯倫這樣形容他：「當他進入我的屋內時，我禁不住對自己說：『這絕對是菩薩無疑了！』」

印度的佛教徒肯定他為「中觀」與「禪」的導師。

印度教徒則承認他是徹悟的覺者。

他的言論和著作無法歸屬於哪一種宗教，既非東方也非西方，而是屬於全世界。

他被譽為歷史上旅行次數最多，晤面人數最多的世界導師，而他卻不

喜歡被人們稱為「大師」。

他雖然備受近代歐美知識份子的尊崇，但真正體悟他教誨的人，至今寥寥無幾。

他就是克里希那穆提，20世紀最傑出的心靈導師。

克里希那穆提1895年生於印度，天生具有多項神通，13歲時由「通神學會」領養。「通神學會」一直宣揚「世界導師」的再度降臨，並且認為克里希那穆提就是這個「世界導師」，而他也很快就成為堅強無畏、難以歸類的導師。

他主張真理純屬個人了悟，一定要用自己的思考來照亮自己。他經常教導學生：只有洞察這充斥著暴力和衝突的外部世界，才能真正懂得自己；只有脫離塵世的法則，才能不為世俗生活所累。他一生都在幫助人類從恐懼中徹底解脫，體會生活的真正樂趣。

這位慈悲與智慧化身的人類導師，窮其一生企圖帶領人們進入他所達到的境界，直到90歲去世前都還在不停奔波。1986年2月16日晚9點整，克里希那穆提不可思議的一生結束了。他留下來的60多冊的著作，全是空性流露的演講集和講話集，這些都是後世的寶貴財富，讓我們藉由克里希那穆提的文字，體悟生命的全新境界。

# *6* 讓教育喚醒智慧

## ◆ 聽命於不滿之情

如果你有豐富的遊歷經歷，曾經到世界各地領略風土人情，那麼也許你會發現，無論是亞洲、歐洲、美洲或是非洲，人的本性都極其相似。在學校中更是如此，我們的生活好像是用機器製造出的模型——每個人都在想著受人矚目，都在尋找安全感，都在盡可能地思考，盡可能地追求舒服的日子。

現在的教育讓獨立思考成為一件困難的事情，每個人都在或多或少地附和隨從，而這樣做導致的結果就是平庸。崇尚成功的人們，想想你為什麼想要成功——你是在追求物質或所謂精神上的報償，尋求內在或外在的安全感、尋求享樂。而這整個過程都會讓人產生恐懼，遏制自發創造，隨著年齡的增加，心靈便冷漠遲滯了。

在追求舒適生活時，我們通常會於生活裡找出一處最沒有衝突的安靜角落，暫且稱這片角落為舒適區。當找到自己的舒適區的時候，我們就懼於跨出這塊隱蔽的地方。我們心中的冒險精神會被扼殺在對生活、對奮鬥、對新經驗的恐懼中。周圍的環境和所受的教育讓我們人云亦云地生活，唯恐自己的思想不同於社會上的模式。

幸好有些人內心懷著「不滿之情」，他們的心想要反抗，可是大部

分的人還是屈服於環境，讓我們原本的反抗之火漸漸熄滅。

一般人們的反抗有兩種，一種是暴力的反抗，另一種是深入的、充滿了智慧的心理反抗。

暴力的反抗只是對於現存的秩序不加瞭解的一種反作用而已。這種人反抗現有的正統規範，然而當他們推翻了某種現有的正統規範後，又陷入新的正統規範，於是他們陷入了更進一步的迷惘和巧加掩飾的自溺自滿之中。也就是說，他們總是脫離某一人群或某一種理想，而加入另一人群，相信另外的理想，如此製造了新的思維模式，而對於新的思維模式，又會起而反抗。反作用會產生對立，而改革則需要再度的改革。

深入的、充滿了智慧的心理反抗則是一種明智的反抗。一個人對他自己的思想、情感加以覺察，因而他們會認識自己。當一種經驗來臨時，我們唯有面對它，而不避開它所帶來的騷擾，才能使智慧保持高度的覺醒；而高度覺醒的智慧就是直覺，那是生活中唯一的嚮導。

### ◆ 累積知識不能通向智慧

很多人會錯把知識當作智慧，其實，智慧和知識相差甚遠。智慧源自對內部的探求，是一種自我瞭解；而知識則是仰賴於外在，你即便研讀了世界上所有的書籍，得到的也只是書中的知識，而非智慧。智慧是一件玄妙的東西，它沒有棲身之所。想要獲得智慧，就不要依附於任何外力，別去管那些科學家、哲學家的結論，而是向內探求，瞭解自己心智運作的過程，在自己的內在發現智慧。

古希臘的哲學家們一再強調知識與智慧的區別：知識是人類對有限認識的理解與掌握，智慧是一種悟，是對無限和永恆的理解和推論。因

此，博學家與智者是兩種不同類型的人，智者掌握的知識不一定勝過博學家，但智者對世界的理解一定深刻得多。兩者比較就如一個知識女性和一個聰慧女性的比較，後者令人心儀的不是其掌握知識的多少而在於其靈性。之所以會有這樣的差別，根源在於知識是有限的，再博學在無限的知識面前也會黯然失色；而智慧是富有創造性的，不被有限所困，面對無限反而顯得生機勃勃。

生活中，我們常常累積大量知識，但是要按照學到的知識去明智地行動，卻很少有人能做到。學校傳授人們有關行為、宇宙、科學和各種技術的知識和技能，但是這些教育機構很少教育學生如何在日常生活中做一個優秀的人。比如，一個在講臺上或實驗室裡誇誇其談的專家，並不一定懂得一些生活常識。經過一些學者的研究，有人認為人類只有透過累積大量知識和資訊才能進化。但事實卻完全相反，人類經歷了無數次戰爭，累積了大量如何殺人及破壞的知識，戰爭的武器越來越先進和高端，其中，正是知識在不斷擴大各個地方的戰場，阻止人類結束所有的戰爭。同樣，有關環保的知識也沒能阻止人類殺害動物、掠奪資源和破壞地球。這些事實都一再地提醒我們：累積知識並不能通向智慧。因為智慧無法在書中或任何知識中獲得，也無法加以累積、背誦、儲存。知識永遠不能解決人類的問題，理解這一點就是智慧。

我們一直活在一個知識的傳統中，去接受、傳承、重複前人留下的經驗和理論。我們把這些經驗和理論統稱為知識，這些知識都是過去的累積，是已經死去的東西，只是用文字或其他形式保留下來的屍體而已。可是我們卻把這樣的知識奉為權威，當作神一樣去崇拜和敬畏。尊敬知識，難道不是在尊敬一種死去的東西嗎？我們日常生活中的教育、

訓練、方法、體系養成了一種習慣模式，一種重複活動，因而造就了一顆機械的心。機械的教育體制使心陷入陳規，陷入一種狹隘的生活方式，誤導我們把考試和學位當作衡量智慧的標準，從而培養了一種逃避人生重大問題的心智。

有知識不一定有智慧，知識只有轉化為智慧，才能顯示其真正的價值，否則便只能成為身心發展的沉重負擔。也只有在智慧的引導下，才可能有真正意義上的心智活動。但需要注意的是，我們對智慧的理解必須超越邏輯思維和傳統理性主義的狹隘智慧觀，認識到非邏輯的直覺、想像、靈感的重要性，樹立全方位、多層次的智慧觀，才能真正擁有智慧。

### ◆ 真正的學校

一所在名利上成功的學校，通常不是一所真正意義上的教育中心。一所廣大、興盛、熱鬧的學府，將千百個人聚集在一起接受教育，這個學府可能製造出CEO、銀行職員、銷售員、企業家、政治家、各種委員，或一些在某項技術上突出的能人。然而，我們需要的只是完整的個人，只需要一個小小的學校就足以造就這種完整的個人。因此，只收容數目有限的男女學生，並且擁有正確教育者的學校，遠比在大學校裡接受最新穎的教育方法重要。也就是說，學校的優劣不在於大或小，而在於正確的教育。

正確的教育在於喚醒自我的自由與智慧，培養完整的生活方式，唯有這種教育才能創造出一種新的文化和一個和平的世界，才能帶來與人們的真正合作。然而，這種自由並非人們藉著追逐自己的擴展和成功就

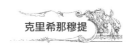

能獲得。自由起於自我認識,也就是當心靈超越了因渴望自我安全而製造出來的種種障礙時所得到的自由。

因此,真正的學校除了提供基本的生活知識和技術訓練外,更應該鼓勵學生對生活有一個完整的看法,幫助我們去體驗生活的完整過程。只有理論的學習而沒有內心的體驗,只會導致膚淺的、片面的紙上談兵。學校的教育要讓學生能夠思考,直接地、真實地思考和體驗,而不是頑固不變、死守理論、生搬硬套、死記硬背地思考。

任何依照資質將人們加以分門別類的方法,都強調了人們之間的差異,由此產生了對立,助長了社會上的派別區分,也就無法培養出完整的個人。也就是說,如果教育以呆板的原則為基礎,則可以製造出有效率的男男女女,卻無法培育出有創造力的人。真正的教育,不是以權威或傳統學說、手段為基礎,藉以把個人加以某種特定的限制;而是幫助個人成熟、自由,將個人置於愛與善良之中。

等到孩子學業有成,畢業後走向社會工作的時候,正確的教育能夠幫助學生發現他們最感興趣的職業追求。如果一個學生沒有找出自己真正的天職,他就會覺得虛度了一生。他在做著不願意做的事情時,會有受挫的心情。如果他想成為藝術家,卻做了公司的職員,那麼他將牢騷滿腹,抑鬱寡歡地度過一生。因此,每個人都必須尋找到他所願意從事的行業,並且看看它是否值得。

無論對於哪個年齡階段的學生,老師都應該說明學生認識他內心的一切、人與人之間的區分,並且剷除偏見,打消學生追求權力與控制力的念頭。應該鼓舞正確地自我觀察,幫助心靈超越自身,以便發現真實的事物。一所好的學校能夠幫助學生培養正確的關係,不僅是個人與個

人之間的關係，還包括個人與社會之間的關係；應該幫助個人發現真正的價值，經由公正不偏的探討和自我覺悟而得到的智慧，而不是鼓勵個人去附和社會，或與社會消極地相處。

總而言之，一所名副其實的學校，並不依賴政府的規定或某種特殊制度的方法，而取決於我們的父母、教師和你、我。如果我們由眼前的事物著手，在我們與孩子、朋友、鄰人的關係中覺察到我們自己，則真正的學校會隨時隨地地存在。

### ◆ 拒絕知識的堆砌

無知的人並不是沒有知識的人，而是不瞭解自己的人。如果一個人僅僅依賴書本上的知識、權威的經驗來獲得對事物的瞭解，那麼無疑，這樣的人是愚蠢的。瞭解源於自我認識，而自我認識則是一個人明白自己的整個心理過程。所以說，教育的真正目的並不是獲取所謂的知識和經驗，而是瞭解自己。

我們目前所謂的教育，無論是學校的教育還是家庭中的教育，重點都放在了藉由書本獲取見聞、知識上，這是每一個認識文字、懂得閱讀的人都能辦得到的。這樣的教育教會了人們一條逃避自我的巧妙途徑，和所有其他的逃避方式一樣，其無可避免地造成了許多苦難和混亂。這些苦難和混亂，是因我們和他人、事物、概念之間的錯誤關係而產生的，除非我們能夠瞭解並改變這種關係，否則僅僅是知識的堆砌和技能的獲得，是無法讓我們擺脫苦難和混亂的。

家長們將子女送入學校，學習知識和技能，目的是為了以後能在社會中生存和發展，家長和老師對孩子們最迫切的希望就是他們能在某一

領域有所成就，由此來獲取更多的經濟地位和社會認同。然而，這個過程真的能讓孩子們更瞭解自己嗎？

雖然一個人要在社會上立足，學習知識和技能是必要的，但是知識和技能並不能給予我們瞭解生活、瞭解自己的能力。如果知識和技術是教育唯一所賦予的東西，那麼顯然，這樣的教育會讓我們摒棄生活中最重要的東西。

別把學習理解成呆板地研讀書本知識，生活的角角落落都有我們能從中領悟到道理的人和事物，真正的學習沒有特定的老師、教室或者書本，而是透過真切地生活學習。生活本身就是我們的老師，我們處在不停歇地學習中，一株小草、一隻飛鳥、一種聲響、一座高山；有錢人的嘆息、貧窮者的奔波；女人的眼淚、男人的驕傲……這一切的一切給予我們的教導遠比書本知識實用。

◆ 遵從愛的指引

正確的教育在於瞭解孩子的真實內心，而不是將我們認為的孩子應該如何強加在他的身上，將他們圍困在理論的框架之中。理論只不過是我們瞭解孩子，以及孩子自我瞭解的實際障礙，依賴理論管教孩子會讓兒童喪失瞭解自我的能力，在他的心中他的真實面目和他應該成為的面目會不斷產生矛盾。

一個真正稱職的父母，一定不會透過某種理想的模式去教導孩子。真正愛孩子的父母會觀察孩子，研究孩子的傾向、性情和他的特性；而不懂得教育內涵的父母會把某種理想強加在孩子身上，如此一來，孩子將成為父母要求他成為的某一種人，父母的野心和控制欲藉由孩子而得

以實現。愛孩子，而非愛理論，這樣才能讓孩子在一個舒適的環境中成長為真正的自己。

如果一個孩子總是撒謊，那麼你把「誠實」的理論擺在他面前又有什麼用呢？找到他說謊的原因才是問題的關鍵。要幫助孩子，我們必須心懷瞭解和愛去關注他、瞭解他，沒有愛和瞭解，我們就會強制性地把孩子納入我們稱之為理想的某種行為模式中。如果我們沒有覺察力，如果我們的態度和行動都是機械化的，便會在那些無法以機械式的回答來解決的問題面前退縮，而這是我們教育中的一項主要問題。

老師也要瞭解自己的學生，按照理論例行公事的老師是無法瞭解學生的，所以也就無法正確地處理學生們的問題，對這樣的老師來說，孩子應該怎樣做比孩子本身更重要。

真正會教育的老師不會把孩子的教育仰賴於某種方法，而是對每一個個別的學生加以研究，深入孩子的內心，感受孩子的敏感、恐懼、歡樂、憂傷等感情。用愛的力量還原教育的本來面目，才是所有為人師者應該做的事。

# 7 點亮自性之光

◆ 用寧靜的內在享受喜悅

當鳥兒安靜地落在地面或者樹枝休憩的時候，如果有人走近牠們，牠們一定會飛走。如果你走近鳥兒，牠們都不飛開，而是任由你撫摸牠們，那該多好啊！

如果你獨自一人安靜地坐在一個角落裡，極其安靜、溫柔地坐著，很快你便會驚喜地發現有鳥兒來到你的身邊，在你的附近飛舞，你可以觀察到牠們纖巧的爪子、極為強韌美麗的羽毛以及敏捷的動作。但是這樣的喜悅需要你具備極大的耐心，你必須心中充滿愛，不帶有任何恐懼，因為我們的恐懼能夠被動物所察覺，一旦牠們察覺到，便會升起同樣的恐懼而逃離。

你可以試著在樹下非常安靜地坐著，可是不要只坐幾分鐘，因為鳥兒不可能在這麼短的時間之內習慣你的存在。你應該每天到這棵樹下安靜地坐著，漸漸的，你會感覺到身邊的每樣東西都是活的。你會感受到樹木的顏色是那麼富有感染力，從牠們身上你能體會到生命的強健和不屈服；你會覺得小草在陽光的照耀下閃出耀眼的光，看到天空中那只美麗的風箏安然地享受微風的撫慰，看到鳥兒不停地雀躍著，牠們會落到你的肩膀上，任由你溫柔地撫摸。但是你若想享受這份喜悅，就必須擁

有寧靜的內在。

在現代社會，生活節奏越來越快，各種壓力紛至沓來：考試升學的壓力，就業的壓力，職場中的壓力，來自戀人的壓力，來自父母的壓力，來自子女的壓力，來自房子、車子與更高級的畢業證書的壓力，來自身體的壓力……壓力眾多的都市生活讓現代人在忙碌中愈加茫然。

不懂得及時剎車，及時休息，整天像陀螺一樣轉個不停，他們從來不曾注意過水面上的陽光，那光芒是多麼溫柔。太多忙碌的人被日常的例行公事佔據，因此他們忘了，也許他們從來就沒有認識過這個地球的豐美。

抱持一顆寧靜的心，放慢我們勿忙的步伐，靜靜地欣賞落日的彩霞，斜掛樹梢害羞的新月，以及漫天的星星，這時，我們的心一定不能被問題、煩惱及臆測所佔據。只有在我們的心非常安靜時，才能真正地觀察，然後我們的心才能對美好的事物敏感。

哲學家馬卡斯・奧里歐斯說：「人們為自己尋找退避之所——鄉間、海邊、山上的房子，你們也一定非常希望得到這些房子。殊不知這是一種平凡人的做法，因為無論何時你想退避獨處時，其力量掌握在你自己手裡。一個人想退到更安靜、更能免於困擾的地方，莫過於退入自己的靈魂裡面，特別是沉潛在平靜無比的思緒裡。我敢肯定地說，除了寧靜是心裡的最好狀態外，別無他物。那麼，不妨馬上退避，重整你自己！」

◆ 從察覺到敏感

你看見一片嫩綠的草，每一株都閃閃發光；你看見陽光照在草上

面，也照在鳥兒銀灰色的翅膀上；你看見腳步輕盈的行者，也聽見他們的笑聲；你看見鄰居家的小狗在嬉戲……所有這些都是你對身邊事物的覺察。

覺察始於表面的層次，然後會愈來愈深入。如，你注意到你與身邊的人、事之間的關係，注意到自己對別人說話的反應，以及自己的心是怎樣一直在評估、判斷、比較或責難，這些更深層次的東西也是察覺的一部分。

現實生活中，大多數人對事物的覺察往往是達到某一個點就停止了。我們接受了各種聲音、景象，但是卻忘記覺察自己對牠們的反應。我們會說「多麼美妙的歌聲」、「這景色真美呀」，之後就把牠們放在了一邊，不去討論什麼是美什麼是醜。如果我們能清楚地知道自己對事物的反應，那麼就會對自己的每一個想法都愈來愈敏感，並且能夠觀察到自己的思想是如何被已有的經驗所局限，而這些都是察覺的一部分。

當一個人深入地參透自己思想的過程時，他就會清楚地瞭解到任何想法都受到外在狀況限制。當他瞭解了這一點，他的心自然會非常寧靜，但這並不表示他的心進入了睡眠狀態，相反，他的心會變得靈敏，不再被規範所局限、不再被經驗麻痹。這種寧靜的靈敏也是覺察的一部分，如果你再深入去探究，就會發現，在覺察者與被覺察的事物之間是沒有界限的。這時，你如果能夠對顏色及形式都有所認識，瞭解別人說的話以及自己對牠的反應；能夠對人體貼、有好的品味與禮節，不粗魯，不在身體上或精神上傷害別人而不自知；看見美麗的事物能夠加以欣賞，用心聽別人說話而不厭倦，那麼你的思想就會變得非常敏銳，這時的察覺就轉變成了敏感。

如果一個人能夠變得敏感，他就不僅僅只是服從和抵抗，還是對生命的所有活動的覺醒，他會有所了悟，發現不可思議的生命之美。

◆ 孤獨與空寂

這個世界充滿了令人眼花撩亂的娛樂形式，這是因為當人們有一點閒暇時間的時候，幾乎每個人的選擇都是去娛樂。

閒暇時我們會閱讀一本小說、一本雜誌，或是聽音樂、看電視，或是和周圍的人談話。

極少有人在閒暇時去野外或山林裡漫步，既不唱歌也不說話，只是安靜地走著，觀察身邊的一草一木以及自己內心的活動。我們很少或幾乎不做這種事情，我們總是陷入焦頭爛額的忙碌之中，當我們有一點閒暇的時間時，我們就想要一些娛樂，或輕鬆的，或嚴肅的，看電影、看書、聽廣播，這些基本上是一致的，都是我們的分心方式，一種從無聊及例行公事中所採取的逃避方式。

如果我們試著獨處，一點分心的事情也不做，那麼不一會兒我們就會想逃開，想忘掉真正的自己。這就是我們擁有如此龐大的、職業化的娛樂機構的原因，這種自動化的分心工業，也是我們稱之為文明的最顯著的部分。

你曾經想過「孤獨」這個字眼嗎？有些人可能對它不太熟悉，但是你對這種感覺其實是十分清楚的。當你外出散步時，什麼也不做，不說話、不帶書，不一會你就會覺得無聊，如果能稍微探究一下無聊，你就會知道那是因為內心的孤獨。我們想逃避內心的孤獨，才會和朋友聚在一起、才需要各種各樣的娛樂活動。因為我們內心是孤獨的，所以就

變成了人生的旁觀者，我們只有瞭解了孤獨並且超越它，才能成為參與者。

大部分的人結婚或尋求其他類型的社會關係，是因為他們不知道如何單獨去活。我的意思不是說人一定要單獨生活，但是如果你尋找社會關係是因為你希望被愛，或是因為你很無聊，那麼你會發現你的人生除了無止境地追求分心之外，再無他物，只有極少數的人超越了面對孤獨的巨大恐懼。但是人必須要超越它，只有超越才能發現至寶——空寂。

孤獨與空寂兩個詞，從字面看好像並無多大差異，但事實上孤獨與空寂有極大的不同。一些年輕人可能不明白孤獨的意思，但是老年人是明白的。孤獨是一種完全與外界切斷，沒有明顯理由而突然非常害怕的感覺。如果你的心中感覺什麼都無法依賴，沒有任何一種分心的方法能解除你這種自我封閉式的空虛，你就明白什麼叫恐懼，這就是孤獨。而空寂是完全不同的，空寂是一種解脫的境界，只有當你經過孤獨，並且明白孤獨是什麼以後，空寂才會來到。空寂是一種在心理上不再依賴任何人的境界，只有在這個時刻，你的心才是完全獨立的，也只有這種心智才具有創造力。

所以當孤獨的痛苦籠罩我們的時候，我們需要做的是面對它、看著它，不要產生任何想逃走的意念，無懼地面對那種襲擊過我們多次的空虛感。當它來到時，不去打開電視，或把自己沉溺於工作中，或是隨手抓來一本雜誌來讀，而是無懼地看著它，看進它裡面去，完全瞭解它。如果我們逃走了，就永遠也不會瞭解它，於是它就永遠躲在某個角落伺機而動。反之，如果能瞭解孤獨並且超越它，我們就會發現根本不需要逃避它，於是也就不再有那種追求滿足和娛樂的衝動了，因為我們的心

已經認識了一種不會腐敗、也無法毀滅的圓滿。

## ◆ 全心地投入

一顆安靜的心蘊涵著無比的能量，而每個人的心都在時刻不停地運轉著，思想總是在回顧、記憶、累積知識中不斷地改變，我們的心如何才能夠安靜下來呢？有沒有能讓心從無休止的繁雜事務中解脫出來的方法呢？

在日常生活中，我們往往會從生理上和心理上時時刻刻進行著衡量和比較。這些都是度量的活動，意味著我們總是不自覺地與人較量。我們在購買的時候，比如選布料、選衣服、選汽車的時候，當然要進行比較；在其他的時候，我們也總是在心中和別人比來比去。如果停止這種較量，我們有沒有可能完全獨立自覺？不妨試著在日常生活中不去和任何人較量，你會發現其中的旨趣，會感覺心中的一塊石頭落地了，如此一來，能量就會降臨到你身上。

你有沒有全心地注意過某樣東西？對於眼前這些文字，你是否在認真地讀，還是正抱著比較之心在讀，把現在正在讀的東西和你所掌握的知識相比較？抑或是你正在依據自己的認知、傾向和喜好詮釋這些文字？如果是，那你就沒有全心地讀，倘若你真的以你的全身、全部神經系統、你的眼、耳、心以及整個生命在閱讀，那麼你的自我中心感就會消失不見，剩下的只有那份注意力了。全心地投入便是徹底的寧靜。

全心投入是一件最神奇的事，在這個過程中沒有任何邊界和局限，當然也沒有任何特定的方向。此時沒有你我之分、沒有觀者與被觀之物之分，二元對立消失了。

如果心朝著某個特定的方向思考，是不可能出現這種狀況的。從小到大我們受到了太多的制約，讓我們朝某個特定的方向思考。我們總是抱持著某種定義、信仰、知識或方程式，去臆測實相或至樂等不可思議的境界。我們把它當成一個目標、一份理想，然後朝這個方向大步邁進。當我們朝著某個特定方向邁進時，空寂感就消失了，我們的心也失去了空間。每當心中充塞著執著、恐懼、控制欲，或是在追求享樂和地位時，空寂感便消失了，這時心被填得滿滿的，沒有任何空間。但是我們的心需要空間，而全心地覺知或全觀，就是沒有任何方向感的一種空境。

◆ 尋找靜謐之心

我們大部分人都很難找到一種和平的、鮮活的、明朗的、充滿能量、不依賴他人的生活方式，也很難找到一種不但沒有恐懼、衝突、悲傷、混亂，而且還充滿愛和體貼的生活方式，儘管人類曾經歷過多次戰爭，經歷一次又一次科技革命，以及經濟危機、金融風暴、政治動盪、種族衝突等種種不幸。

這似乎很奇怪，因為很多人都讀過許多宗教人士和神學家的書，那些書似乎充滿了深邃奧妙的思想觀念，讓我們以為自己應該是成熟縝密的人，能夠應對任何的危機動盪；我們大多數人還讀過許多哲學家和著名學者的書，書中告訴我們社會在經濟、社會、道德上應該如何組織，作為普通大眾的我們又怎樣在這個波瀾四起的社會中安然無恙地生存下去。我們聽從某些人的話，遵從某個權威，希望他們可以給我們一把鑰匙以開啟生活之美，開啟生活之外的某種偉大事物，然而到頭來我們並

未如願以償。為什麼會這樣？

生活的混亂源自我們的欲望和恐懼。我們一直在努力改變這個、改變那個，拒絕這個、接受那個，模仿、遵循某一權威或觀念，背負著書本沉甸甸的重量，卻從來沒有問過自己是否可以過一種毫無衝突的完整生活，心靈沒有困擾，只有真正的和平。這是因為我們還不明白：平靜的生活不是在觀念上或思想上沒有希望或追求，而是發自潛意識的寧靜與和諧。

欲望導致了不寧靜的生活。大多數人終其一生都在追求物質、金錢、地位、聲望、快感等各種各樣的享受，所以不斷地產生野心、追求、快樂、焦慮、恐懼、怨恨等種種情緒。比如，當我們的妻子離開我們，或是我們丟了錢、失業了，買不起房子或車子，受到他人的輕視或侮辱時，我們很難做到淡定從容地接受這一切。

因為欲望督促著我們要不斷地獲得，只許成功不能失敗。我們的心就在這個過程中糾結、抗爭、掙扎，所以總是感到恐懼、緊張、焦灼。因此，只要欲望之火還在熊熊燃燒，我們的心智就會受到熾熱的烈火由外至內地炙烤。

世界上沒有什麼方法、理論、權威、導師或知識，能幫助我們獲得平靜。要過平靜恬淡的生活，需要的是擁有一顆平靜的心。正如古人所說：「寵辱不驚，看庭前花開花落；去留無意，望天上雲捲雲舒。」平靜的心沒有任何欲望和目的，不會強制我們一定要去做什麼或者怎樣做，因此能夠非常專注，在必要時思考和行動，並在行動中保持清醒，不呆板、不機械運作。所以問題不在於思考我們的生活為什麼不平靜，而在於怎樣保持清醒。要保持清醒就必須深刻地瞭解思想、恐懼、愛、

恨、孤獨，必須完全涉入當下的生活。只有在心完全清醒而無任何扭曲的情況下，才能真正地過平靜的生活。

### ◆ 超越哀傷

有一個人，他經歷了生活的種種磨難和痛苦，因此傷透了心，對生活失去了希望。他的一個當廚師的朋友得知他的境遇之後，就把他叫到廚房裡。廚師同時燒開了三鍋水，然後將一根胡蘿蔔、一個雞蛋、粉狀的咖啡豆分別放入三個鍋中。過了一段時間，廚師把煮好的胡蘿蔔和雞蛋舀起來，把咖啡倒入杯子中，讓他仔細觀察這些東西發生了什麼變化。他一臉茫然地看著廚師，不知他是何用意。

廚師笑著說道：「這三樣東西都遭遇了相同的困難——煮沸的開水，但是它們卻發生了不同的反應。胡蘿蔔由硬變得軟巴巴的；雞蛋起初十分易碎，可是現在卻變得硬邦邦的；咖啡豆呢，是不是變得又濃又香了？不信，你自己嘗嘗看。」

他用手摸了摸胡蘿蔔和雞蛋，確如廚師所說，再端起咖啡，聞到了一股香濃的誘人味道。這時他終於明白了，生活也是如此，無論遇到什麼樣的磨難，生活味道都是由自己決定的：我們可以選擇哀傷，也可以選擇超越哀傷。

但要超越哀傷是一件困難的事情，因為哀傷總是以不同的形式如影隨形地跟著我們。為什麼我們難以抗拒哀傷的侵襲？原因之一是我們缺少對生活的熱情。我們感受不到熱情，而大多數人口中的「熱情」實際上是狂熱的表現，是人們對某種事物著迷的一種情緒。我們常常是為了某些事而有熱情，比如為了音樂、為了國家、為了戀人、為了成功……

總之，它總是一種原因的結果。而真正的熱情並非只是針對某些特定的人或事才表現出來的，而是對所有事情都充滿興趣。遺憾的是，大多數人都看不清楚這其中的區別，因此才在熱情的謬論中沉迷，偏離了人生的正確方向。

如果人們缺少了熱情，就不能全心全意地去愛，而只要人類不能全心全意地去愛，哀傷就會一直存在，並驅使我們不斷製造痛苦和恐懼，我們的身體會感到有壓力、焦慮不安，甚至可能遭受病痛的折磨；心理上會擔心各種各樣的事情，害怕失去工作、害怕買不起房子、害怕自己的車不夠豪華，更害怕未知的死亡……我們也想過要掙扎，逃出哀傷的生活，重新尋找一個新的世界。然而，許多人都失敗了。

為什麼會失敗？根源在於我們用錯了方法。

我們都知道身體上的痛苦，例如感冒、發燒、高血壓、糖尿病、脊椎等疾病，可以用藥物或以其他的方式來處理。心理上的痛苦，也就是那種藏在心中極為複雜的痛苦、憂傷和哀傷，卻不是藥物能夠治癒的，例如大家都知道的憂鬱症，藥物治療的效果並不顯著。我們可以觀察牙痛這一事實，但在情緒上和心理上受到牙痛的影響時，痛苦就會變得更大，於是我們就會非常憂慮、害怕。

我們越是想要忘記痛苦，痛苦就越是清晰和強烈。這是因為當你思考怎麼超越痛苦的時候，已經又陷入了心理上的痛苦，所以，思想並不能解決哀傷的問題。對痛苦的分析也無法消除那些傷害，分析是一種麻痺和逃避的方式，不能消除哀傷。

所以，不要試著去找能夠超越的方法或答案，因為這樣並不能解決問題。真正能完全解決問題的是，能夠在沒有意識到觀察者的情形下

觀察痛苦、悲傷、寂寞、孤獨這些令我們感到哀傷的事，不生其他的念頭，哀傷才能終結。也就是說，當我們能用一顆沒有偏頗的心來觀察痛苦和悲傷，用一顆可以觀察外在身體上的痛苦的心來觀察哀傷時，就將不再哀傷。

# *8* 自由的真相

◆ 掙脫束縛心靈的繩索

　　自由是生命中最重要的因素，沒有內在的真正自由，我們就不會快樂；沒有心靈的根本自由，人類就只是一部機器。但是正如盧梭所說：「人生而自由，卻無處不在桎梏當中。」

　　我們每個人都是受制約的，無論生活在哪個國家，都會受到其社會、文化以及個人思想結構的制約。知識的累積和科技的進步加強了對個人自由的壓制，物質文明的發展破壞了人類的自然狀態，所產生的是人的嫉妒、競爭、痛苦和恐懼。自由意味著「自然」，意味著內心的狀態、完整的人格和精神的自由。只有在自由的、自然的狀態下，我們的內心才具備完整的人格，個人才能夠過完整的生活，而不是零碎地過著片段的生活。

　　我們人類是否有可能自由地、和平地、真正地生活在這個世界上？有沒有可能從制約裡面徹底解脫出來，不只是意識形態或觀念上的解脫，也包括心理上的、內在的自由？我們每個人都是帶著這樣的疑問在生活，因為我們無時無刻不在渴望自由。

　　一個年輕人來到禪院，問禪師：「什麼是團團轉？」

　　禪師隨口答道：「皆因繩未斷。」

年輕人驚訝地問道：「你怎麼知道的？我在來的路上看到一頭牛被繩子拴在樹上，牠想離開樹到草地上吃草，結果牠轉來轉去都不得脫身。師父沒有看到那頭牛，怎麼一下子就知道我所說的是什麼呢？」

禪師笑了笑，說：「你說的是事，我說的是理。你問的是牛被繩索拴住而不得掙脫，我說的是心被俗物纏繞而不得自由。」

我們每個人都像那頭牛那樣，被金錢、聲望、名譽、地位、憂愁、恐懼、痛苦、衝突等外物束縛著，在得與失、生與死之間團團轉，不斷掙扎而不得自由。在這樣團團轉的狀態裡，我們的自由被一根無形的繩子牽著，雖然我們無比地想掙脫繩子的束縛以得到自由，但結果卻往往是越想掙脫越被束縛，越得不到自由。

古今中外的人們都在追尋自由的境界，從政治、經濟到精神上的自由。例如全世界的人們都曾在政治上為自由而戰；各種宗教也許諾自由，不過不是在現在的生活中當下給予，而是在另一個世界。由此可見，其實我們只是把自由看成活動的自由，例如身體活動的自由或思想活動的自由。也就是說，我們似乎一直在追求表面上的自由，從無到有的權利，為所欲為的權利，選擇的權利，追求更廣闊的體驗的權利……然而這些只是非常有限的自由，其中常常包含著衝突、戰爭和暴力。

自由絕對是必要的，但不是為所欲為式的自由，而是根本的自由。當我們談論自由時，我們談論的是一個根本的話題。自由不是從某樣東西裡解脫，而是自由的頭腦和心靈的一種品質，在那裡不存在方向。從一個東西中解脫出來只是對「已然」的一種調整後的延續，只不過是一種反應罷了，它並不是自由。自由就是完全的和諧，當有了深刻的、根本上的自由時，它便扎根於自由的真實而非自由的觀念中，那個自由便

會遍及人們所有的活動、所有的努力。沒有這種自由，生活便始終都只是局限於時間和衝突的小圈子裡的活動。

自由只有在活生生的當下、在日常生活裡才會出現，對於我們生活中的混亂的徹底否定就是自由。回歸自然即是使人恢復這種自由的力量，它使我們脫離外界社會的各種壓迫以及文明的偏見。我們的心念一旦免除了情欲、惡念、無知，免除了庸俗、貪欲，就會發現自由的真相。

◆ 自由與愛並存

很多人都不能真正理解自由，雖然人們喜歡自由，但是如果你稍加留意就會發現，每個人都把自己局限在一個小角落中，做著一些不利於自由的事。

到底什麼是自由呢？自由並不僅僅是你能做你自己喜歡的事，或者是掙脫外界的束縛，要瞭解自由，我們先要瞭解什麼是依賴。我們依賴家人、老師、郵差、廚師，這種依賴是社會層面的，很容易被理解，我們必須認識另一種更深的依賴，才能瞭解自由、獲得自由。

我們不僅僅在外在的肉體上依賴別人，而且從內在、從心理上依賴外在的人和物，我們的快樂與痛苦更隨著外在而變化，一旦這樣，我們就變成了心理上的奴隸，而這種依賴就是束縛自由的開始。

如果我們想得到自由，首先要做的就是破除心理上的依賴。自由並不只是對外界的反應。什麼是反應呢？如果我用難聽的話來罵你，如果我說了一些傷害你的話，你就會生氣、悲傷，這就叫反應，是出自於依賴的反應，而不依賴是更深一層的反應。自由不是一種反應，我們需要

瞭解反應的含義並超越它才能得到自由。

你知道愛一個人是什麼意思嗎？你愛一朵花、一隻鳥、一隻小狗，即使牠不給你任何回報，不跟隨你，你也會去照顧牠、餵養牠、關愛牠，這樣的愛你能理解嗎？大部分的人都不明白這種愛，因為他們都不是以這樣的方式去愛的，他們的愛永遠被焦灼、嫉妒、恐懼等心情所包圍，也就是說，我們的內心想讓他人來愛我們，我們的內心充滿了對別人的依賴。我們並不是愛就愛了，而是想要回報，在這樣的要求中，我們就變成了依賴別人的人，就變成了不自由的人。所以說，自由和愛是並存的。

如果我愛你僅僅是因為你愛我，那麼這並不是愛，只是一種交易，是一種能夠被買賣的東西。愛是不要求回報的，甚至當你愛的時候你並不認為你在給予，唯有這樣的愛才能讓你瞭解自由。

如果不能夠愛，我們就不能夠思考、專注，就不知道何為體恤。比如你在路上看到一塊尖銳的石頭，你會在沒有人要求的情況下把石頭移開，因為你能夠體會到別人的感受，不管別人是誰，也不管你是否會碰到這些人。

觀看河水的流動、欣賞大地的豐美、感受天空的寬廣，用一顆敏感的心對生命的偉大律動開放胸懷，這一切都需要自由，而有愛才能有自由。只有那些瞭解並消除了內心依賴的人才明白愛的真諦，這樣的人才能得到自由。

◆ 超越局限

物種生命都存在局限性，你有沒有考慮過自己的局限呢？首先你應

該意識到這個問題的存在，然後再想辦法超越你的局限。你也許未曾注意到，在你看著花說「這是菊花」、「那是蘭花」、「這是玫瑰」時，這些植物學的常識就已經夾在你和花朵之間，使得你和現象之間出現了一條鴻溝，從而阻礙了你真正地認識它。你想接近一朵花，就必須用心觀察它：用眼觀察它的顏色和形狀，用鼻去嗅它的香味，用手去觸摸它的根莖和花瓣，這才是真正的認知，但鮮有人能做到這點。

生活中，你受到的限制要比這多得多。試舉一個最簡單的例子，假如你是公司裡的一名職員，你就必須按照公司的制度按時上下班，否則你就有被老闆「炒魷魚」的危險。當你生活在一個穩定舒適的環境裡時，比如你有一份薪酬優渥的工作，有一所很漂亮的房子，和妻子或丈夫的感情很好，父母對你慈祥而寬容，孩子乖巧懂事……總之，你身邊的一切都是幸福快樂的，你就很難覺察到自己所受的限制，更不會因為這些限制而痛苦。然而只要這些東西稍微發生改變，例如你的妻子或丈夫和其他異性的關係變得更親密，或者你的錢財變少了，或者受到戰爭、痛苦、壓力的威脅，甚至還有來自種族、國家、宗教及文化的壓力，你就會開始和外在的干擾抗爭來保衛自己的內在免於混亂，你就會深刻地意識到自己所面臨的束縛是那樣多，自己的能力是那樣有限。

其實，無須遭遇外在環境的劇烈轉變，只要你能夠稍微敏感和耐心一點，就不僅可以覺察到自我受限制的情況，還能體會到它所帶來的危機、暴力及仇恨。

但只覺察到這些局限還不夠，還要知道我們有沒有可能跨越這些局限，活得沒有恐懼，沒有衝突，又充滿自由。如果想達到這樣的境界，需要極大的智慧。缺少了智慧，我們是很難擁有自由之心的。那麼知識

能否幫助我們超越自己的局限？智慧是否能夠透過知識而獲得？其實假如我們足夠敏銳，就將發現，知識也是有局限的。然而，大多數人意識不到這點，他們習慣照著傳統教給他們的種種方式去生活，不假思索地反應著，而這些反應只會製造更多的束縛和限制。他們更不會明白：自己必須全神貫注於自己受限制的情況，才能從過去的歷史中完全解脫，而那些束縛和限制才會從身上消失。

超越局限，我們還必須給大腦留有足夠的空間。空間並不僅僅指的是從此處到彼處的距離，更意味著沒有中心點。如果你的心有一個中心點，那麼不論你走得有多遠，都仍然是受限的。因此，跨越局限意味著沒有中心點，也沒有界限或周邊。等到頭腦是不再屬於任何東西，也不再執著於任何事物的時候，我們才能真的徹底自由。

# *9* 活在善意裡

## ◆ 成為一個良善的人

人類意識為什麼無法實現轉化？人類只能在這裡改一點，那裡改一點，期待著如此極小的改變就能擁有一個良善的社會。如果想一下人類從古至今的歷史，我們就會發現人類一直渴望的是什麼：人類不但想給自己、給自己的關係（不論親疏）帶來秩序，並且還想擁有一個和平的世界。然而人類文明化的程度越大，造成的失序和戰爭就越多，地球上的戰爭越來越多，衝突越來越多，人與人之間，組織與組織之間，總是充滿了不可調和的矛盾。

當你覺察到這永無止境的失序與混亂，你會不會問問自己：我有沒有可能快樂、理性、神智清明地活在這個地球上，沒有外在或內在的爭戰，不試圖逃開？如果你曾經問過自己，或者現在你就可以問問看，因為這樣我們才是在共同思索這個問題，即我們渴望擁有一個良善的社會。

創造出一個良善的社會是人類有史以來的夢想，古印度、古希臘和古埃及都做過這樣的夢，怎樣才能實現這個夢想呢？只有當人類變得善良時，才會出現優質的社會。人的善意往往能帶來良性的關係互動，好的品質，幸福的生活。

良善意味著美、意味著神聖，要想變得良善，我們必須首先清楚地理解良善一詞。如果你在心中存有善意，那麼無論你做什麼——你的關係、你的行為以及你思考的方式，等等——都是恰當的。你可以在一瞬間立刻領會「良善」這個詞所蘊藏的意義。

如果你真的深入良善的精神內涵，它一定會對你的生活方式產生影響。所以，讓我們一起來探討良善這個詞，請稍微留意這個詞的含義，雖然詞語並不是真實的東西。就如我們也許可以用最華麗的辭藻來形容一棵樹，甚至可以把它畫出來，寫成一首詩，雖然文字、描述或詩，都不是真實的，但我們還是會不由自主地被文字或描述所感動。

良善不是邪惡的反面，因為良善跟醜陋、邪惡或不美好的事物沒有絲毫關係。良善是獨立存在的，是跟不善毫無關係的一種品質。

而且，一旦接受了某個權威的引導，良善就會消失。權威是一件非常複雜的東西，人類在多少個世紀中立下了無數的權威律法，比如自然律，比如我們所順從的自己過往的經驗，以及掌控我們生活的一些瑣碎原則。而我們現在所說的良善，跟任何形式的權威都無關。

請仔細思索一下，良善並不是順從。你臣服於一種觀念、理想、信仰或原則，這並不意味你就是善良的，因為順從只會製造衝突對立。如果一個生活在社會中的人受到教會、信仰、宗教權威人物的壓制，他還有可能是善良的嗎？良善無法透過別人達成，靈性導師、教條或信仰，他們都無法讓你良善；良善只能在「全觀」的沃土裡生長。

良善的本質其實是一顆沒有衝突的心，一個心懷善意的人絕對不允許戰爭發生。同時，良善也意味著強烈的責任感，因此，一個真正善良的人，一定會為他的生命負起全責。

只有當我們真的變得善良時——徹底的善，而非部分的善——我們才能創造出優質的社會、良善的社會。徹底的良善意味著強烈的責任感、關懷、全觀、勤勉以及愛，徹底的良善能創造出一個截然不同的社會，一個本質善良的社會。立刻起而行之，匯聚你所有的能量，成為一個良善的人吧！

◆ 為何人無法徹底良善

人類為什麼沒有辦法徹底良善？阻礙人良善的東西究竟是什麼？如果你知道如何觀察，那你一定會發現這個世界的真相，並且，你就是這個世界，世界和你其實是同一回事，世界是由你創造的，社會是由你創造的，宗教以及那些教條、信仰、儀式、界分和派別也都是你創造的，所有的一切都是由人類一手創造的。而阻礙我們徹底良善的不正是這些東西嗎？是因為我們所信仰的，抑或是因為我們投入了太多的精力在性愛、恐懼、焦慮、孤獨、需求、欲望上，從而成了我們徹底良善的阻礙？如果是上面列舉的那些心態阻礙了我們，它們就是毫無價值的。如果你已經下定決心想擁有這份良善的品質，那麼，你就要明白，你的信仰、原則或者理想等來自各個方向的壓力，都會阻礙你的良善，搞清楚這一點之後，你就會沒有任何藉口而不捨得丟棄它們了。

動亂和失序存在於世界上的每個角落，無疑，這些動亂和失序是對生命的威脅，而且這種威脅還在蔓延。因此，每一個認真觀察自己、觀察世界的人，都要對上面的問題加以探索。世界各地的科學家、政治家、哲學家、心理學家或是宗師們，都提出了各種各樣的理論，但是問題卻仍然沒有解決，其他的人無法解決，唯有靠我們自己才能消融這些

問題，解鈴還須繫鈴人，我們就是問題的製造者。不幸的是，我們總是迴避這些問題，從不去探究我們為何活得如此自私自利。

我們現在正在討論的是：我們能否帶著善意、美和靈性活在這個世界上。如果答案是否定的，那我們一定會默認日益增長的危機和混亂，並且會禍延子孫及其他的眾生。

個人就是世界的縮影，所以現在不妨讓我們來討論一下「認識自己」這個主題。對於不同膚色、不同信仰、不同國籍的人類，痛苦都植根於他們的內心。他們都會經歷巨大的焦慮、孤獨、失落、憂鬱，甚至絕望，都會有對生活的意義茫然失措的感覺。全世界的人的內心都會有這樣的感覺，這便是真相，是眼前正在發生的事實。從心理層面來說，你就是世界，世界就是你，因此，瞭解了你自己，你就瞭解了整個人類的結構和本質。這並不是以自我為中心，因為一旦你瞭解了自己，你就能超越自己，只有這樣，生命才會進入嶄新的次元。

是什麼讓我們真的轉變？更多的驚嚇抑或是更深重的災難？全新的自我形象抑或是其他的理想？這些都是我們所經歷過的，但是並沒有發生任何的改變。我們的教育越是複雜，文明越是遠離自然，我們就越會失去人性。既然這一切的外在之物都無法幫助我們，那顯然，我們唯有透過自己來瞭解自己了。我們必須發現自己的真相，從根本上改變自己，良善才會因此而發展出來，只有這樣，我們才能創造出一個美好的社會。

◆ 與所有生命建立關係

河邊有一棵樹，我們常常會在日出的時候凝望它，當太陽緩緩升

起，陽光穿過樹冠，剎那之間，那棵樹會變得通體金黃，每片葉子都閃爍著光芒，那種生機極具感染力。在我們凝望這棵樹的時候，時光彷彿停止了，我們不會去想搞清楚這是棵什麼樹，因為這一點也不重要了，我們沉醉於它那美麗的身軀上散發出的奇妙韻味，這種韻味會慢慢地蕩漾開來，飄散到山野間、河流中。當太陽再升高一點時，樹葉開始像跳舞一樣微微顫動，每分每秒，這棵樹的風姿都不盡相同。每天日出之前，它朦朧低調、無聲無息，筆直地矗立著，盡顯矜持；當曙光綻放，葉片就閃動著光芒開始歡快地跳舞。此刻，我們會不由地讚美這份美麗；正午太陽高照，濃密的樹蔭足以讓我們享受清涼，當我們端坐其下與它做伴的時候，我們沒有一絲的孤獨，安靜地坐在樹下，在它深深的呵護中，我們感受到自由和安詳。傍晚時分，夕陽的餘暉照亮西部天際，這棵樹就慢慢朦朧起來，與黑暗相融合，它在收攏著自己準備過夜。晚霞映襯的天空色彩斑斕，綻放出最後的光輝，但是那棵樹還是一如既往地安靜、矜持，悄悄地準備進入夢鄉。

如果你能和這棵樹建立聯繫，那麼你也一定能處理好和其他人的關係。之後，你會對這棵樹承擔責任，也會對全世界所有的樹負起責任。如果無法和這個世界上有生命的東西建立起聯繫，那麼你就可能沒有辦法處理好人際關係。

很少有人會對一棵樹的生活品質感同身受，我們不會去用心感受它，不會去觸摸它粗糙的樹皮和它的聲音。我們需要去傾聽的不是風吹過樹葉的婆娑聲，而是樹自身發出來的聲音，以及它的樹枝、樹幹、樹根的靜默之音。想要聽到這種聲音，我們必須足夠敏感。這不是世界上到處都有的嘈雜聲響，不是風的呼嘯聲，不是爭吵的人們說出的粗鄙言

語，不是戰爭中的喧鬧刺耳，而是來自於宇宙中的天然之音。

　　說來也怪，我們對自然界知之甚少，我們對於地球上的其他生物似乎很少去感受，比如我們不瞭解昆蟲，不瞭解青蛙，還有那在山林之間呼喚同伴的貓頭鷹。我們一旦與自然界的所有生命建立了聯繫，我們就不會單單為了自己舌尖的快感去屠殺動物，就不會受到利益的誘惑而去傷害猴子、小狗或豚鼠。為了讓心理慢慢糾正過來，人類必須親近自然，如抬頭親吻橘子樹上的橘子，彎腰撫摸破土而出的小草，以及擁抱山脈之上輕盈的雲朵。

　　這樣做並不是情感氾濫，也不是天真浪漫的幻想，而是實實在在地和地球上所有的生命建立聯繫。無數的鯨魚死於人類的屠殺，而人類卻絲毫不知反省自己的罪惡，還在繼續殘害這些無辜的生命。其實，那些從殘殺生靈中所獲得的東西完全可以透過別的手段來獲取。

　　讓我們尊重所有生靈，與自然界中實實在在的花草樹木、雄偉的山脈、奔騰的河流建立起一種長期的、深厚的、真摯的聯繫吧！

### ◆ 擁有純然的愛

　　曾經有一位出家人，每天早上他都會去到附近的花園採花，然後用這些花去供養他所信仰的沒有生命的形象——一具由石頭做成的神像。這些晨曦中綻放著的花朵美得令人憐惜，然而這個出家人在摘花的時候，動作卻是那麼粗魯，他的眼神和動作都流露出無止境的貪婪，他惡意地搜刮著花園裡的一切，因為在他的心中，他的神遠遠比這些花高貴，他要用這些美麗的生命去供養一個沒有生命的假象。

　　有時候，我也會看到一些年輕的男孩子毫無目的地把花從綠色的莖

上揪下來，他們並不打算把花拿去供奉神明，他們只是一邊說話，一邊漫不經心地把花朵揪下來，丟在地上，有時還用腳把花朵碾碎。

你是否也像這些男孩子一樣有過這樣的行為？我不知道為什麼會有人這樣做，在你在走路的時候，路邊有樹木、花朵，於是你就會不經意地折斷一根樹枝、摘下幾片樹葉，把玩一會然後就把它們丟在地上。許多人似乎都有這樣的行為，他們是在用自己的方式來表達自己心中的殘暴，發洩自己的情緒。這是多麼殘忍！也許他們會在公共場合高聲談論著不傷害任何生命，然而他們所做的一切卻是如此的不尊重生命。

如果你只是輕輕地摘下一朵花，把它戴在愛人的頭上，這是可以理解的，但是你為什麼要沒有目的的就隨意把花朵揪下來？

有一次我和一個小男孩一起散步，路上有一塊石頭，於是我把石頭移開，這時男孩問我：「你為什麼要這樣做呢？」他的話是否能表明他內心的一種態度？他是不是缺少了對生命的尊重和對他人的體貼呢？

許多人對別人的尊重其實都是被恐懼所控制著的，當你遇到你的長輩，你會恭敬地問好，這並不是尊重，而是一種恐懼。如果你的心中真的存在著對生命的尊重，你就不會隨意地扯下花朵，你就會把石頭從路中央移開。但是大多數人，無論他們年長或年輕，他們的心中都沒有對生命的尊重，為什麼呢？因為他們不明白什麼是愛，什麼是純然的愛。

愛是一個人生命中最重要的事情，然而，你真的知道什麼是愛嗎？如果你愛一個人是因為被那個人的愛感動，那麼這不算是真正的愛，因為愛是不求任何回報。

也許一個人很聰明，在自己擅長的領域裡面做出了一番成就，但是如果他的心中沒有愛，那麼，他的生命也是可悲的，因為沒有愛的人內

心將是一片空虛。

　　讓你的心中充滿情感是一件很重要的事，心中一旦有愛，你就不會去破壞、就不會無情，然後你就能成為一個快樂的人。快樂的人不必祈禱神靈的保佑，因為快樂本身就是神。

　　你的心中如果有了愛這個驚人的東西，而且你能感受到它的深度、愉悅和狂喜，你就會發現原來這個世界是如此的美麗。

心靈導師帶來的
36堂靈性覺醒課

# Part 3

# 馬可‧奧勒留

棲身於理性之中

## 馬可‧奧勒留 簡介

馬可‧奧勒留（121年4月26日～180年3月17日），全名為馬可‧奧勒留‧安東尼‧奧古斯都。擁有凱撒稱號的他是羅馬帝國五賢帝時代最後一個皇帝，在位時間為161年～180年。

馬可‧奧勒留從小就表現出探索萬物本源的興趣，11歲時，他便有意身著古希臘與羅馬哲學家們常穿的簡陋長袍，模仿他們的生活方式。渴望成為像蘇格拉底一樣的哲學家的馬可‧奧勒留卻被命運推上了另一條道路——羅馬帝國的皇帝，因此他也是古羅馬唯一一位哲學家皇帝。

奧勒留在161年3月7日繼位成為羅馬帝國皇帝，任期伊始就戰爭不斷，並經歷多次自然災害。處於宮廷與混亂世界中的他，總能以一種冷靜而達觀的態度面對生活、直視心靈。讀馬可‧奧勒留的文字，會使人產生一種樸實的信仰：面對宇宙自然，保持一顆高貴的道德良心，是任何種族、國家，任何革命、遷流、發現都不能改變的。

91

# *10* 遵從理性是我們的靈命

## ◆ 齊心協力是人類的天性

　　每天早上醒來的時候，我會對自己說：今天，我可能會碰到各種各樣的人，包括忘恩負義、狗眼看人低、滿口胡言、見不得人好的人。這些人之所以染上這樣的惡習，是因為他們善惡不分、是非不明。但是我自己，卻深深知道善惡美醜的本來面目；即使是那些做錯事的人，他們在本性上與我也沒有天大的區別，他們與我們血脈相連，而且我們有著不分伯仲的智慧和程度相近的信仰。在生活中，有很多人無緣享受友誼之樂，以致喪失了許多生命的歡樂，成為孤獨、不合群的人，他們曾經發出強烈的呼聲：「唉！真希望，我能吸引一些朋友；真希望，我能成為一個受人歡迎、為人所樂於接受的人啊！」但是他們不知道，造成他們這種苦惱的原因，很可能是他們對於自己的朋友和身邊的人們過於吹毛求疵、缺乏諒解。

　　醜行並不是無法擺脫的東西，所以我們千萬不要因為這些同胞所犯之錯。而對他們心存怨氣或者記恨一輩子。因為同胞們齊心協力才是我們的天性，情同手足，唇齒相依的天然關係把我們緊緊地維繫在一起。所以，如果我們自相殘殺，就違背了天命，最終只能以自尋煩惱和眾叛親離的悲劇收場。

學會合作是人與人之間很重要的一種相處方式，每個成功的人都是以合作為階梯的。

我們要培養自己的合作精神，意識到如果孤立地奮鬥，不僅無法取得成功，還會使自己陷入淒涼、可悲的境地。

要善待我們的合作者，也就是和我們生活在同一個宇宙、星球上的人，無論他們犯了什麼樣的錯誤，都不要憎恨他們，不要拋棄他們，要把他們當成隊伍中掉隊的一分子，去啟發他們、改變他們、幫助他們，而非被他們的惡行所污染。

要知道，只要自我的本性不變，我們就能始終堅持自己的原則，遵循自我的理性，那麼他人的惡絕不可能使我們自身變壞。這樣，就會消除我們面對惡人時的憂慮和擔心。

## ◆ 保持高貴的品性

如果你沒有把自己的腦力奉獻給體現公共利益的目標，那麼請不要把你所剩無幾的餘生浪費在替別人思前想後上。因為，你一旦有了這樣的想法，那麼你便失去了很多做其他事情的機會。就是說，我們去注意別人在做什麼事情、為何要這麼做、說了什麼、想了什麼等，這些都會讓我們在探究自身支配能力的目標上南轅北轍。

所以，我們應當在思想行進中抑制一切漫無目的、毫無價值可言的怪想法，過於好奇的心理以及充滿惡意的念頭；真正值得我們殫精竭慮去思考的問題應該是別人突然問到你的某個問題，即「你現在在想什麼呢」，你要用毫不猶豫的坦率口吻立刻回答出你此刻在想的具體事項。只有從這樣的回答中才可以清楚地看出你內心的純潔與慈善，並且是一

個在社交上合群的人。

因為你不會對精神的歡愉及肉欲的滿足給予特別的關注，而且在待人接物上毫無敵意，也鮮有嫉妒和猜疑之心，所以，在問及「你正在想什麼」這類問題時，你不會面紅耳赤、尷尬難當。那些能夠做到這些標準或已經躋身優秀者行列的人，猶如神靈的司祭和侍從一般。因為他們可以用植於內心深處的神格品性濟世救人，而這一神格品性並不會讓人沉迷於精神上歡愉的追求，也不會受到肉體上痛苦的傷害。這一神格品性能讓世俗之人遠離身體上的冒犯，不會感受到精神上的罪惡感，最終成為一名品性高貴的戰士。而這位高貴的戰士可以做到不為一時的激情所動，同時做到正義的垂範，並對已成定局的事物和命中註定的所得欣然接受。

對他人所言所為所想的關注，往往是出於大局利益上的考慮，但這種事情只有在十分必要的時候才會偶爾為之。因為，這才是一個人生而有之的天性，也是每個人的行動準則。每個人都要經常思考自己在總體事物中所佔有和分配到的那一份，繼而才能做出與之相稱的自身行為，而且要勸誡自己：「我所得到的份額已經讓我滿足了。」每個人的所得永遠與他自身共存，而他自身也與所得之物一生相隨。所以，他還應該牢牢謹記的是：每一個擁有理性的人，都是他血脈相連的族人，關心人類整體利益是人的本性所在。我們無法對所有人的意見都認同，而只需要去堅持與認可那些明顯遵循了自然生活規律的看法與意見。對那些不按自然規律生活的人，他們有各種類型，居家或外出，白晝抑或黑夜，要謹記這些人究竟是什麼人以及什麼人會與他們一起過上這種不純潔的生活。相應的，對於任何這些人做出的讚美之聲，我們不會表示認同和

贊許，因為他們對自己都沒有感到滿意過。

要做到心甘情願地工作，關心公共利益事項；凡事都要做到審時度勢、考慮周全、專心致志、心無旁騖；不要只注重形式上的修辭而放棄了實質上的思考，也不要去做一個誇誇其談的人，更不要做兩頭忙、最終卻碌碌無為的人。

此外，還要讓你心中的神格品性庇護著自己這個脆弱的生靈，學會果敢武斷且成熟穩健的作風，不要懼怕捲入政治。把自己的奮鬥目標定位為一個統治者，每個人都要做到在其位、謀其職，就像一個在等待上天隨時召喚的志士。

時刻處於待命的狀態，既不需要宣誓儀式，也不需要別人的佐證。這樣的人應該永遠保持內心快樂的狀態，而且永遠不需要別人給予的說明與施捨，也不能只有接受外界賜予才能達到內心的寧靜，而應當自強自立，無須他人的扶持與供奉。

## ◆ 履行上天賦予的使命

清晨，如果你還賴在床上不願起來，那麼請你這樣想一下：「我要為人類事業而起身工作。我現在要去做的事是為了我所存在的這個世界，而且也符合我來到這個世界的目的，所以我怎麼會心有不滿？難道我來到這個世界就是為了躲在溫暖的被窩裡嗎？雖然這樣更讓我覺得滿足，難道我活著就是為了享樂而不想有所作為嗎？就算是一株矮小的植物、一隻小鳥，就算是螞蟻、蜘蛛和蜜蜂也都在協同努力，把屬於牠們的小小宇宙打理得井然有序。毋庸置疑，我們也需要適當的休息。睡眠是完全必要的，但自然為其規定了時限。同樣的，自然也為人的飲食設

置了一定的限度。如果你超越了這些界限，即越過了底線，而你的行為卻恰好相反，根本沒有去做你力所能及的事情，那麼，你其實並不愛自己。

假如你真的愛自己，你就應該愛自己的本性及其隨之而生的意志。那些對自己天生才藝如此熱愛的人已經在工作中忙得精疲力竭，他們甚至連洗澡和吃飯的時間都擠不出來；而你對自己本性重視的程度，甚至比不上那些雜耍演員對雜耍事業、舞蹈者對舞蹈藝術、財迷對錢、愛慕虛榮者對虛榮本身的重視程度。那些人，在他們對某件事萌生狂熱愛好之後，可以做到不吃不睡，竭盡所能地把事情做到盡善盡美。難道在你的心裡，有利於社會的行為是如此不值得你去辛苦奮鬥嗎？正如蜜蜂天生就要採集花粉釀蜜，小鹿天生就要在森林裡奔跑，雄鷹天生就要在天空翱翔，魚兒天生要在水裡遨游那樣，工作原本就是人存在於宇宙中的形式與職責。每個人都需要透過工作來實現自我價值，當有一天我們真的永遠不需要工作時，我們就會陷入頹廢的狀態。因為工作是我們高貴氣息的體現，不斷進化的根本。努力工作吧！這是上天賦予我們的使命！

◆ 欣然接受人生萬事

醫藥之神愛斯庫拉普在給人開藥方的時候，還同時要求患者要騎馬鍛鍊、洗冷水浴甚至是赤腳走路，對此，我們應該理解與接受。同樣，如果宇宙依本性而使某個人身染疾病、肢體殘缺，或者其他任何類似的遺憾，我們也必須完全理解。因為，在第一個例子中，醫神開出的處方意味著他所使用的這些東西都是為了幫助患者儘快康復；而在第二個例

子中，意味著恰巧發生於（或適合於）某個人身上的事，對其命運而言
是最為適合的。

在我們說事物完全適合我們的時候，其實也就是這個意思。在工
匠們把砌城牆或金字塔的石頭以某種方式疊疊在一起的時候，他們也會
說這些石塊是最適合不過的，因為總是存在著一個恰如其分、和諧相處
的整體。由於宇宙就是一個由不同個體而構成的整體，所以萬物的因果
必然（即命運）也是由此而成，正如宇宙構成的機理一般。就算是那些
極度無知的人，也能明白我說的意思。因為據說，就是它（指必然，命
運）將其帶給這個人。

這東西就這樣賜予了他，像醫神給病人開藥方一樣。讓我們接受命
運的安排吧，就像接受愛斯庫拉普所開的處方那樣，雖然他所開的處方
中有很多內容讓人無法苟同，但為了健康著想，我們還是欣然接受。讓
事物都變得更加完美和圓滿吧，因為共通本性將其列為善的行列。我們
也要這樣從善如流，並將健康看成是與其屬於同類事物的東西。我們要
接受自然發生的一切事情，就算有什麼事在表面上不讓人歡喜，但它是
自然導向於此的，並導向宇宙的和諧健康與宇宙的繁榮和幸福。如果對
宇宙整體毫無裨益，那麼神就不會把某些東西帶給世間的人了。無論一
個事物的本性為何，它都不會導向任何與它所支配事物的目的不符的方
向。

有兩條理由可以讓你不再對身上所發生的事情心存抱怨：其一，它
是專門為你而設的，如為你量身訂做的一般，透過神秘的方式與你聯繫
在一起，源自於由你命運之線編織的最初肇因；其二，即使是發生在你
身上的負面事件，對支配宇宙的力量而言也是一種幸福和圓滿的肇因，

而且也是其繼續存在的原因所在。因為，如果你將橫向整體中的某些部分，或者縱向連貫體中的某個要素硬加斬除，那麼都將會對整體的完整性造成傷害。當你不滿意時，可以在自己的力量範圍內實施這種行為，而這種方法在某種意義上無異於打亂了一切原有秩序。

## ◆ 讓善良的品質噴湧而出

善良是一種難得的品質，我們所能感受到的善良，有時像天使背部一片潔白輕柔的羽毛，讓人感受到溫暖，看到希望；有時又像大力神赫拉克勒斯那寬闊而結實的胸膛，讓人感到無比的振奮，感到無比的力量。善與正直、愛心、悲憫為伍，與邪惡、陰毒、冷漠為敵，柔軟時的善良，可以融化冷傲的冰川；堅硬時的善良，可以穿透頑固的岩石。善良是人性中的至純至美，一切偽善、奸笑、冷酷、麻木都會在它面前退避三舍，任何頑固的醜惡都只能在陰暗角落裡對善良咬牙切齒。善良啊，是酷熱中一股清涼的風，是嚴寒裡一團溫暖的火，是青黃不接時別人悄然送來的一擔糧食，是久旱不雨時從天而降的甘霖，是你負重上坡時後背的推手，是你快墜落懸崖時垂下來的一條纜繩，是你窮困潦倒時沒有署名的一張匯款，是你富甲一方時的一句忠告，是你失意時幾句真誠的安慰，是你得意時一串逆耳的話語……甚至，它有時只是一個真誠的、淡淡的微笑。

善的價值無可估量，像一粒種子生發出百倍千倍甚至上萬倍的善良的果實。

我們心中的善良，就像雪山腳下的淙淙細流，每一滴都是聖潔純淨的雪水的聚合體。匯集成溪的善良之水，一路歡歌，蕩滌著沿途的污

濁、腐朽、風塵，理直氣壯地匯入人生的江河大海。

清澈的水來自雪山之巔，人的善良來自乾淨的心底。因為沒有人能阻止你成為善良樸實的人，除非你自己不願意成為這種人。生活中，心中有善，你就能成為好人；心中有惡，你就會成為惡人。從本質上講，我們每個人的一生，都是由自己的心靈造就的。

哲人有云，每一個靈魂都有在無意中偏離真理的時候；同樣的，也會在無意中背離了正義、節制、仁愛以及諸如此類的優良品性。如果你總能將其牢記於心，你就能在對待一切事物時保持和善可親的態度。

# *11* 安心於造化的安排

## ◆ 專注於心中的神靈

每個人都可能在下一秒鐘死去，所以我們有必要改變自己的行為和思想。假如你相信神靈的存在，那麼死亡本身就不是一件讓你內心恐懼的事情，因為神不會把善良的人打入地獄；但是，如果你不相信神靈的存在，或者你認為神靈不會關心和眷顧世俗的人類，那麼，生活在這樣一個既沒有神靈又沒有神的旨意的宇宙中又有什麼意思呢？實際上，無論是神還是神的旨意都是客觀存在的，他們關心和眷顧世間的芸芸眾生，幾乎用盡一切可能的辦法讓人們盡量不要陷入真正罪惡的深淵。如果還有其他的罪惡，那麼神與神的旨意也會讓人們盡量擺脫它。

人自身的力量完全可以達到不至於陷入罪惡深淵的目的。那麼，本可以讓人虔誠向善的東西，怎麼會使人最終走向生活的墮落呢？宇宙可能會出於本性而忽視了這些事情，最終導致這種錯誤的發生，即善與惡竟然不分青紅皂白地降臨在好人與壞人的身上。

這一結果的發生，既不是因為無知，也不是因為有知，同樣也不是有意施展力量去防止或糾正這些事情，而且也不可能是因為其缺乏施展這種力量或能力的意志。可以絕對肯定的是，生死榮辱、苦樂甘甜等各種事情都會平等地發生在好人與壞人的身上，卻並不一定會讓我們潛心

向善或者自甘墮落。故而，這些事物本身並非具有善或惡的本性。

世間事，稍縱即逝！對整個宇宙而言，這些事物的本體消失不見了；而對時間進程而言，則是對這些事物記憶的模糊直至徹底遺忘。世間所有可感知的事物，無不具有這樣的特性。就算是那些帶有快樂誘惑或帶有恐懼的痛苦，以及那些所謂的聞名海內外的虛名都符合這一特性。

實際上這些東西大都是一些毫無價值、應受鄙視、骯髒不堪、容易腐敗的一潭死水而已！我們的理性力應該注意這一點，也應甄別出那些用譁眾取寵的言詞、觀點來獲得「好名聲」的偽善之輩；必須清醒地認識到死亡本身的事實原貌：如果一個人在面對死亡時，運用自我反省的抽象思維能力把與死亡有關的所有想像都進行逐一解析，那麼他就會把死亡本身看作是一種符合自然本性的輪迴運轉規律；如果對自然世界的輪迴運轉還心存恐懼，那麼這樣的人只能說是太小孩子氣了。

但不管怎樣，死亡並不僅僅是自然世界的一種輪迴運轉，還是一件符合自然原本目標的一個環節。我們的理性力還要認識到世間俗人是如何一步步走向神的身邊的，而且也要知道人的哪個部分可以向神靠近，最後還要知曉人的這一部分可以在什麼樣的情況下實現與神接近的終極目標。

人世間最可嘆可憐的事情就是如某個詩人所提到的那樣：世俗的凡人費盡心思地到處打聽並反覆詢問著九泉之下的事情，或者挖空心思去揣測隔壁鄰居們的想法。他們沒有認識到，其實一個人只要專注於自己心中的神靈，並虔心尊奉神靈，就可以讓自己功德圓滿。

◆ 把死亡視為自然的一次運轉

　　一個人短暫倉促的一生，只是蠻荒宇宙中的「一粟」，而宇宙物質才是其巨大的「滄海」。人的感知總有不足的地方，而人的身體也最終會塵歸塵、土歸土。靈魂只是打轉一會兒的旋渦，而命運實際上是無法占卜的，最後，所謂的聲望也只是沒有真憑實據的虛名。總而言之，人類肉體所有的一切仿若匆匆逝去的水流，人的靈魂內在也只是黃粱一夢，隨時可能在世間蒸發，生命總是在一場戰爭中度過，我們都是生命的匆匆過客，所有的好名聲在我們死後都終將湮滅。

　　既然如此，人還需要什麼信念上的引導呢？答案就是：哲學，而且哲學是唯一的解答。真正的哲學可以成為我們心中的守護神，讓我們免受暴力與傷害，讓我們可以不被世俗的痛苦與歡愉所侵擾；也不去做漫無目的的事，不會犯錯或做出偽善的事情來；最後，我們也不用總限於需別人做或不做什麼事情的迫切心情之中。除此之外，對於已經發生的事情，我們要坦然面對並欣然接受。事情的發生之地便是它的根源之地，因即是果、果即是因。最後，不如用一種視死如歸的心情去面對死亡。

　　死亡也不是什麼奇怪的事情，其實就是一堆生物組成的元素解體而已。而既然在事物不斷變化的過程中不會使元素本身受損，那麼我們又何必去牽掛和擔憂所有組成人體這些元素的變化和分解呢？既然死亡是符合自然法則的，那麼符合自然法則的東西本身當然就不是什麼罪惡了。

　　在某一天，你將成為一具屍體或者骷髏，或有名，或無名。而名字只不過是一種聲波和迴響。生時貴重之物，到頭來都是一場空，最後都

是那麼易朽和無足輕重，就像小狗相互撕咬一般，也像小孩子在相互爭吵、歡笑之後馬上又哭鬧不停一樣。但忠誠、謙虛、正義和真理卻從一馬平川的平原，登上了奧林匹斯山。

到底是什麼讓你駐留於此？因為感覺的對象極易變動且從未靜止過，而感官是遲鈍的且容易接受虛假的印象。而且，可憐的靈魂本身，也是從血液中散發出來的。在這樣的世界上，獲得的好名聲到最後只不過是一場空而已。因此，不論死亡是最終的消滅抑或是會漂流到另一個國度，你還是平靜地等待生命的結束吧。

在那一時刻到來之時，你是否已經做好了準備？除了尊敬神靈和讚美神靈、以善待人、凡事寬厚待人以及自我節制之外，還有什麼呢？至於那些超越可憐肉身限度之物，請記住一點：它們原本就不屬於你，也不在你的能力掌控範圍之內。

宇宙物質如同山洪暴發般將一切物體全盤帶走，因為其本性便是與整體既相統一又相協作的，猶如我們身體器官各部分之間的內在聯繫與合作關係一樣。時間洪流已經吞沒了多少個克律西普斯，多少個蘇格拉底以及多少個愛比克泰德啊？你還是用同樣的思想來看待每一個人和每一件事吧。

◆ 演好人生的劇本

當一名演員被辭退讓他離開舞臺時，他說「可是我還沒有演完五幕，而只演了三幕」，但是在人生中三幕就是全劇，因為怎樣才是一齣完整的戲劇，決定於那個先前曾是構成這個戲的原因，現在又是解散這齣戲的原因的人，可是你卻兩方面的原因都不是。那麼滿意地退場吧，

因為那解除你職責的人也是滿意的。

滿足於宇宙分配給自身的時間和空間，這是一個理性的人容易做到的。但是，通常情況下，人們也會想，人生太過短促，在我沒有達成所願的時候，或者生命蒸蒸日上的時候戛然而止，這是怎樣的悲傷和遺憾啊，這嘆息裏襍著一種「壯志未酬身先死，長使英雄淚滿襟」的沉重。

然而，人生是一場戲劇，到底三幕是完整還是五幕是完整，並不由我們決定。對於我們來說，只能安心於造化的安排，把現實中我們最終擁有的結果作為全劇，不管是三幕，還是五幕。

不要苛求完美，不要期待人生沒有遺憾，不要為了瑕疵而痛苦，因為這就是生命的本質。

在生活中不受死的誘惑也不逃避死亡，對於靈魂究竟在身體中寄寓多久，不必過於關心。即便必須馬上離去，也要樂意地離去，就彷彿要去做別的可以正派和體面地去做的事情一樣。

看看在你之後的無限時間，再看看在你之前的無限時間，在這種無限面前，你的人生是三幕還是五幕又有什麼差別呢？

# *12* 讓心靈井然有序

## ◆ 對美好事物的愉悅體驗

自然界有和風麗日，也有暴風驟雨；有高大的樹木，也有惱人的蟲蛀；有歡樂的景象，也有痛苦的環境；有花有果，有欣欣向榮，也有枯萎凋零，每一個來自自然的事物都有其互相對立的兩面，而這兩面對於我們來說都是果實。人類就生活在這樣的大自然中，所謂社會，不過是人化的自然而已。

對人生中那些我們漠然置之或者歡喜厭惡的事物，不妨換一個角度來看，試圖確定每一個事物的價值。要明確凡正當的事情都是可能的，凡符合自然的事情，自然也就會使它產生，而自然發生的事情絕不是惡。

所以，當一個人吻他的孩子時，如果有人說：「這孩子終有一天要死去。」不要把這看成是凶兆之詞。古代哲學家埃比克太德說：「那些表示自然的活動的詞沒有一個是凶兆之詞。或者如果它是，也不過是那種跟說麥穗的收割一樣的凶兆之詞。」

依自然本性而生的事物會有著令人歡愉、吸引人目光的地方。舉例而言，麵包的表面在烘烤時會出現一些不規則的裂紋，而這些意外產生的不規則裂紋本身，並非麵包師本來想要獲得的效果。然而，這些不規

則裂紋卻在某種程度上不失為一種錦上添花，以一種獨特的方式刺激著人們的食欲。類似的例子還有無花果，無花果在成熟時也崩裂開一些不規則的小口子；橄欖的果實，也會在已經成熟但尚未完全腐爛時給自身增添一種獨一無二的美味質感。因自身重量而被壓彎的麥穗、獅子臉上豎起的眉毛、野豬嘴裡無意流出的唾液以及其他東西都是類似的例子。當我們獨立觀察和評價這些事物的時候，會覺得它們並不是什麼稱得上美的事物，但由於這些都是因自然本性而成的天然效果，故而在實際上依然是錦上添花，最終讓我們的心靈感受到了歡愉的體驗。所以說，如果我們對宇宙中形成的事物有一種先知先覺、深入核心的洞察力，那麼所有這些作為自然結果而出現的事物，在我們看來都是特意的安排，能給我們帶來幸福和快樂。

因此，當我們看到野獸齜牙咧嘴的兇狠模樣時，也能感受到某種獨特的樂趣，而且絲毫不遜色於用想像力創作出的相關圖畫或雕塑；在年事已高的老人身上，我們所能發現的是一種成熟穩重和舉止得體的美；我們也可以用樸實無華的視角來欣賞年輕人身上所散發出來的可愛魅力。很多類似的事物都會這樣積極主動地自我呈現，雖不一定能給每一個人都帶來歡愉，但至少能給那些真正熟識自然及其產物的人帶來足以細細品味的效果。

◆ 尋找退隱之路

有些人在為自己尋找著退隱之路，尋找一種隱居於鄉野、海濱或山林的生活，很多人對這種隱居生活簡直羨慕得要死。但是，這種退隱的想法是凡夫俗子們共有的特徵，因為是否選擇隱居生活完全在你自己的

能力範圍之內。但是一個人無論退到什麼地方，都不如退入自己靈魂深處那樣能獲得更多的寧靜並擺脫所有的煩惱，特別是在他心中恰巧有這種想法的時候。

換言之，只要真心實意地去這麼想，他就能在下一刻獲得百分百的寧靜。我所堅信的是，內心的寧靜是心靈進入井然有序的狀態的表現。你可以讓自己時常「隱退」，並讓自己獲得嶄新的精神面貌。你的法則可以簡要但不要忘卻根本，當你的腦海重新浮現這些法則時，你的心靈可以藉此來得到充分的淨化，把你對命運的不滿與種種抱怨統統丟棄。

你究竟有什麼不滿足的？難道是對人的道德敗壞惡行？請讓你的內心時刻不忘這樣一個定論：人類這種理性的動物為相互的彼此而存在，克己忍耐是人類正義不可或缺的一部分，即使人偶爾犯錯，那也是在不知不覺中做出的。重新再回想一下，有多少人因為互相的敵意、猜忌、憎惡、蠻力爭鬥而喪命，並歸於永久的沉寂。

如果你對宇宙賜予你的那部分贈與心存怨念，那麼請你比較一下這樣兩個截然相反的選擇：世界的本原要麼是神的旨意要麼就是原子結構本身，而原子是透過偶然性來組成萬事萬物的；或者請銘記一下早已經被證實了的論斷，即：整個世界就是一個政治共同體，那麼最終平靜下來吧。一些有形之物可能會抓住你，請你更進一步思考這樣一個問題，即無論你採取什麼方式，悄無聲息的抑或是極端激烈的，一旦你的心靈從肉身中解脫出來，並找到了屬於自身的力量，那麼它就不再與肉體軀殼融合在一起。如果你能對自己的所見所聞以及所經歷過的喜怒哀樂進行反思的話，那麼你的心靈就會最終平靜下來。

或許對於虛名等欲望的苦苦追求仍在折磨著你，請看一看幾乎所有

的事情都會在轉瞬間被人遺忘，世間褒貶之聲皆會歸於空洞，虛假的阿諛奉承者如牆頭草，只會按風向說出誇讚之詞，那麼最終平靜下來吧。就算是偌大的一個地球，也只不過是宇宙間的一個小點，而蝸居於其中的你，何其渺小，你所擁有的東西實在是不值一提，既然如此，又有什麼值得追求呢？

請牢記一點：要隱退回你自己所在的內心疆域，其中最重要的是不要分散自己的注意力，也不要讓自己過於緊張；要讓自己自由自在，專注地去對待一切事務；不忘自己作為人類中一員、國內一個公民以及世間一個凡人的角色。

在面對一大堆事情的時候，你應該選擇先做手頭著急的事，其他的先放在一邊。而在其他不急著先做的事情中，又可以區分為兩大類：一是不觸及個人心靈深處的事情，即屬於身外之物的範疇，往往是固定不變的，而我們內心的無盡煩惱皆來自於內心靈魂的不安；另一類則是你在剛剛看到之後便不復存在、頃刻間成為過眼雲煙的事物，你的心中要時刻謹記，這些瞬息萬變的事物你早已經見識過很多了。宇宙一直處於不斷地變幻中，而如何生活則取決於你自己的看法。

## ◆ 外在事物與心靈毫不相干

在你心靈之外的事物，與你心靈之內並無瓜葛。如果能將其變成你的情感立場，那麼你將昂然挺立，恢復到你本來的生活狀態。在你力所能及的範圍之內，你要用以往熟悉的眼光去面對各種事物，而你生活恢復的關鍵就在於此。

無聊至極的炫耀顯擺和舞臺上的表演，如織的牛羊群，刀槍劍戟的

訓練，拋向小狗的一根肉骨頭，丟往魚塘的麵包屑，螻蟻不辭辛勞地搬來運去，嚇跑老鼠的虛張聲勢，被絲線操縱的木偶，如此種種。置身於這些事物之中，你應該表現出良好的幽默感而非傲慢的態度，這是你應盡的義務；不管怎樣都要懂得每個人都是各有自身價值的，而他們所從事的事情與其自身一樣也有著相應的價值。

自外部降臨之物，應以有所感觸的部分去接受。如果那有所感觸的部分願意，盡可以抱怨。但是，我依然不會受到傷害，除非我認為業已發生之事是惡的一種。而不去這樣認為，是因為尚在我的掌控能力範圍之內。

宇宙的主宰力量不會庸人自擾，我的意思是：這一力量不會自己嚇唬自己，也不會給自己帶來痛苦。但是，如果有什麼別的人來嚇唬它或使它痛苦，那麼就順其自然吧。因為，這一能力本身並不會產生自己的意見，所以也不會走入歧路。在身體能夠承受的範圍之內，應該讓其自身就這樣熬過去，這並非自尋煩惱。假如身體真的遭罪了，那麼也應該讓它自我表現出來。脆弱的靈魂本來極易遭受恐嚇和面臨痛苦之罪，而且會對這些負面事物形成一種不良印象，但是，如果靈魂遠離前述的負面印象，就不會再度陷入痛苦的深淵。源自靈魂本身的主宰法則本身無欲無求，除非是刻意為自己設定某種需要，因而，它能夠不受阻撓，唯一能夠困擾和阻撓它的，只有它自己。

因身外之物自尋煩惱是錯誤的，因為它們與你毫不相干。

### ◆ 生命可以承受更大的痛苦

風暴的來臨是不受我們歡迎的，但是我們卻能從風暴裡得到益處。

就好像栽種的一棵小樹，經歷了風吹日曬，在無數個雨夜裡飄搖，但是最終仍長成了參天大樹。在風雨中，樹的幹變得越來越筆直，枝葉越來越茂盛，於是周圍的樹木都沒有它受人矚目。

無論你面對著怎樣的痛苦，都要在心中如此認為：雖然這是痛苦的，但並沒有給你帶來恥辱，也不會使你占支配地位的理智受創，因為既有理性又有社會性的理智，並不會因此受到傷害。實際上，如果痛苦讓你無法忍受，那麼你也可以想想伊壁鳩魯說過的話，即：痛苦並非不堪忍受之物，也不會始終揮之不去。

你應謹記它是有限度的，更不要在想像中對其誇大。我們都知道，火都有一種特性，當火勢小的時候，它很快就會被壓在它上面的東西熄滅。而一旦火勢旺盛，那麼它就會很快點燃它上面的東西，並且借助這些東西使自己越燒越旺。

法國作家杜伽爾曾說過這樣一句話：「不要妥協，要以勇敢的行動，克服生命中的各種障礙。」法國啟蒙思想家伏爾泰說：「人生佈滿了荊棘，我們知道的唯一辦法是從那些荊棘上面迅速踏過去。」人生是不平坦的，但同時也說明生命正需要磨練，面對人生中各種各樣的不順心，你要保持滿足而寧靜的態度利用這種障礙，達到訓練自己的目的。因為唯有障礙才能使你不斷地成長。「燧石受到的敲打越厲害，發出的光就越燦爛。」正是這種敲打才使它發出光來。

因此，當我們在正確原則地指引下走正直的道路的時候，如果有人阻擋我們，那我們就可以像火一樣，滿足而寧靜地利用那些阻礙我們前進的障礙來訓練自己。每當這個時候，我們甚至可以從與自己的意願相反的事物中獲得得以前進的方法，使每一個障礙成為它自己的質料，利

用它達到它可能已設計好的目的，就像火一樣。

許多時候我們誇大了那些痛苦的力量，其實生命還可以承受更大的痛苦，生命本身的力量足以把每一次痛苦扭轉為對它活動的一個援助，以致使一次痛苦變成對一個行為的推進，那是道路上的障礙卻幫助我們在這條路上行進。

對於生活中的各種痛苦，我們應利用它。只有這樣，我們才會常常有幸福的感覺，紛繁蕪雜的世界才會變得鮮活、溫馨和動人。

心靈導師帶來的
36堂靈性覺醒課

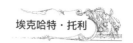
# Part 4

# 埃克哈特・托利

## 體味當下的喜悅

### 埃克哈特・托利 簡介

埃克哈特・托利生於德國,從倫敦大學畢業後,他在劍橋大學擔任研究員和導師。在30歲以前,他的生活一直處於一種焦慮不安的狀態中,並時常伴有自殺性的抑鬱。就在他29歲生日後不久的一個夜晚,他在凌晨醒來,感覺被一種強大的恐懼侵蝕,「我無法忍受我自己了。」這句話一直不斷地出現在他的腦海中,於是,他意識到自己從來沒有想過的問題:「我是一個人還是兩個人,如果我沒有辦法忍受我自己了,那麼,就一定有兩個我:『我』和『自己』,而這其中只有一個是真實的。」當他驚異於這個想法時,他不再感到恐懼,而是任憑自己陷入他所感知到的空洞中。這個夜晚過後,他開始沉浸在深深的喜悅狀態中。在接下來的幾年裡,他致力於解釋、整合和深化這種變化。

埃克哈特・托利不傾向於任何一種宗教或傳統,他努力將自己的心靈啟迪實踐傳授給世界各地的人。在他的教學中,他用一種簡單明瞭的語言

傳達了古代心靈導師的簡單而深刻的訊息：我們可以擺脫痛苦並進入內心的平和世界。

　　埃克哈特・托利的代表作、紐約時報暢銷書第一名《當下的力量》被翻譯成33種語言，暢銷全球300萬冊。而後出版的《新世界》也得到廣泛好評，美國著名脫口秀主持人歐普拉無意間讀到他的作品後有「開悟」之感，她這樣評價埃克哈特・托利：「他是我們這個時代的心靈導師。」

　　跟隨埃克哈特・托利，我們能真真切切地認識到，生命中的每時每刻都充滿著奇蹟。當我們深入他的文字時，我們的生命中就會出現積極的變化。

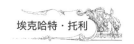

# *13* 發現永存的靈性

◆ 生命的內在本質

　　花朵、鳥類、水晶和寶石，這幾種生命形式自古以來一直對人類心靈有著重要的意義。和其他一切生命形式一樣，這些東西也是自然萬物中一個生命、一個意識的短暫顯化，其脫俗空靈的特質讓它們對人類心靈有著特殊的意義，人們對這些讓他們倍感親切的生命形式如癡如醉。

　　每個生命都有它的內在本質，這個本質即是每個生命形式和創造物中永存的意識或靈性，不幸的是，大部分人只能看到生命的外在形象——他們只認同自己的肉體和心理，而無法察覺到自己的內在本質。如果人類的認知中能夠有一定程度的臨在、定靜和敏感，生命的本質就能夠被體會到，並且人們能夠認識到，生命的本質是和人類自身的本質合一的，這能讓人類愛它如己。

　　花朵、鳥類、水晶或者寶石，由於這些事物空靈的本性，使得其靈性相對於其他生命形式而言比較不會被掩蓋，當聞到一朵花的芳香、當看到一顆寶石的光芒、當遠觀一隻鳥兒的飛翔，即使是一個沒有臨在的人也能夠或多或少地感覺到：在這些生命的表象之外，存在著更多難以言語的東西，而這就是他們被吸引的原因。

　　還有一種生命形式——新生命，嬰兒、小貓、小狗、羊羔等，這

些生命那麼嬌嫩、柔軟，在物質世界中尚未完全成形。美麗、天真、嬌柔，從其身上能閃耀出一些不屬於世俗的特質，甚至有人在看到這些生命時心情會自然而然地好起來。

所以，當你聚精會神地對著一朵花、一隻小鳥或一顆水晶深思冥想，但不讓頭腦去定義它們的時候，它們就會成為你進入無形世界的一扇窗戶。你的內在會有個開啟，讓你因而進入心靈的領域。也因此，自古以來，花朵、小鳥、水晶這三種「開悟」的生命形式，在人類的意識進化上扮演了非常重要的角色。比如，佛教的一個重要的象徵就是蓮花之寶；而在基督教中，白鴿代表著聖靈。人類註定要發生一場深遠的意識的轉化，這將是一次心靈覺醒之旅，而這三種「開悟」的生命形式一直在為這場轉化奠定基礎。而人類意識一旦綻放，那麼無論花朵多麼美麗，都會在人類的意識面前黯然失色。

◆ 探看表象之下的美好

語言具有神態的力量，哪怕只是片言隻語，無論是被口頭說出來還是被寫下來，或者只是以思想的形式存在著，都會像施了魔法一樣讓你迷失其中，並且讓你對它們深信不疑。

當你把一個詞語與一個事物相聯繫的時候，你就以為你知道了它們是什麼，而事實上，你只是用一個標籤掩蓋住了一個謎團，而並不知道它們到底是什麼。

萬事萬物——一塊石頭、一棵樹、一隻鳥，當然也包括人，都是沒辦法被知曉的，它們深不可測，我們知之甚少。我們所理解的、經歷的、想到的這些語言，只是表象而已。

　　其實表象之下的萬事萬物，不僅與其象的事物相連，同時也和自己的生命源頭相連。即使是一片樹葉都能為你展示回歸源頭、回歸神和回歸你自己的道路。當你不加諸一個字句或是心理標籤在它身上，只是看著它，握著它或是任由它在那裡，你的內在都會升起一股敬畏和驚嘆之情。它的本質會無聲地與你溝通，然後把你的本質反映給你自己。偉大的藝術家都可以感受到這一點，他們能夠在自己的藝術作品中成功地表達出來。

　　梵谷不曾說：「這是一張舊椅子。」他只是安靜地看、安靜地觀察，感受著這張椅子的本體，然後拿起畫筆開始創作。

　　當一個人開始不用語言的定義來詮釋這個世界的時候，一種他原本擁有的奇蹟般的感受就會重新被找回。我們不禁要問，我們是緣何失去這種感受的？原因是人類不是在使用他們的頭腦，而是被頭腦所佔有和支配。如果我們不再用語言和標籤來詮釋這個世界，另外一種深度就會回到我們的生命中，當我們審視身邊的事物時會有一種不曾有過的新鮮感，而最大的奇蹟是：我們能夠發現那個本來的自我，那個在任何字句、思想、心理標籤和形象升起之前就存在著的最真實的自己。這個奇蹟的發生，需要我們將自我感和本體感，從所有和它們已經混淆在一起，也就是它們所認同的東西當中抽離出來。

　　當你加諸一個語言上的或是心理上的標籤在人、事、物或情況上面時，你所面臨的實相就會變得淺薄和無生命力，你也會更加遠離實相，也遠離在你之內和周圍展開的生命奇蹟。

　　即便如此，你可能也會有些小聰明，但是你所失去的是智慧、喜悅、愛以及創造力和生命力。

當然，語言和思想，是我們平時生活中的必需品，它們有它們的美麗，但是你想永遠被禁錮在它們之中嗎？

◆ 美源於臨在的定靜

禪宗大師用「頓悟」來形容短暫的開悟或是無思維的臨在狀態，儘管頓悟只是靈光乍現，但你仍要心存感恩地對待它，因為它讓你感受到了開悟的美妙感覺。也許你已經有過多次短暫的開悟感受，但是你卻不知道那就是開悟，也沒有體會到它的重要性。

在臨在的狀態下，你會更加深刻地感受到大自然的壯美、偉大和神聖。你是否在晴朗的夜晚凝視過美麗的天空，被它的寧靜與浩瀚所征服？你是否傾聽過森林裡溪流的聲音？你是否傾聽過鳥兒夏日的歌唱？只有你的思維安靜時，你才會感受到這些美麗。你必須暫且放下所有的問題和煩惱，過去的包袱、未來的包袱、知識的包袱，放下一切去聽、去感受，要全然的臨在。

超越外在形式的美是那些不可名、不可狀、在深處、在內在、神聖的東西，由於美的存在，這份內在的本質之光便會由內而外閃爍。只有在臨在的狀態下，你才能看到這本質之光，而這不可名狀的本質與你的臨在本質是同一樣東西嗎？如果臨在沒了，它還會在嗎？請你深深地體會，你能找出答案。

由於臨在狀態與思維之間的間隔太窄，所以可能在經歷臨在的那一刻你不會體會到你是處於短暫的無思維狀態。你的頓悟可能只存在了幾秒，思維就又開始活躍了。但是，無思維狀態確確實實地存在過，否則你就不會體驗到美。對於美的認知和創造，思維無能為力，只有你完全

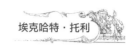

地處於臨在狀態，美或神性才會出現。由於這種間隔的短促和缺乏的警覺，你可能無法體會到在臨在狀態下感受到的美和在思維狀態下感受的美的不同。事實上，當思維進入的那一刻，你所有的感知只不過是對思維的記憶而已。

感知和思維之間的時間間隙越大，你就會越深入地體會到你的本然的存在，也就是說你就會變得更加有意識。

很多人在思維中陷得太深，因此，大自然的美於他們並沒有真正地存在過，他們也許看到了一朵花會說「這花兒真漂亮」，但這只是一個機械化的心理標籤罷了，因為他們沒有處在臨在時刻，沒有真正地看到花，沒有感覺到花的本質和靈性，就像他們並不認識真實的自己，沒有感受到自己的本質和靈性一樣。

# *14* 深深地進入當下

## ◆ 時間只是一種幻象

　　大腦本身是一個很好的工具，如果你運用恰當，那麼頭腦可以大有作為；可是如果你聽憑頭腦的控制，試圖從頭腦思維中尋找自己，並且誤認為頭腦思維就是你自己，就會變成一種小我的思維，並且控制你的整個生活。

　　當你進入當下的時候，你不會陷入思維之中，僅僅是允許思維存在。而有些人則認為人類沉寂在思維中，無法從中解脫出來。其實這就是關鍵所在，時間是一種幻象，時間和頭腦一體不分，把時間從頭腦中去除，思維就停止了——除非你選擇使用它。

　　一旦你與思維認同，就會陷入時間的泥沼中：你會想當然地活在對過去的追憶懷念和對未來的期許盼望之中。被過去和未來佔據著的大腦，一定是不願意接納、認同當下的時刻的，而你之所以對過去和未來執迷不悟，是因為過去會給予你一個身分，未來代表了一個救贖的承諾或是任何一種形式的滿足。但事實上，過去和未來都是幻象。

　　有些人會反駁：「沒有了時間感的存在，人要如何在這世界上生存、過去的時間塑造了今天的我，未來的時間又那麼寶貴，學會明智地使用時間才是在這個社會立足所需要的。」

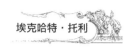

我要告訴你，其實時間談不上寶貴，時間只是一個幻象。真正珍貴的東西不是時間，而是時間之外的那一點——當下！當下才是你所該珍視的寶藏，你越是執迷於過去和未來，你就會越多地失去當下。

當下是永恆不變的，生命就存在於當下這一刻，當下是唯一真正存在的東西，無論是過去還是未來，都是以當下的形式顯現，任何事物都無法存在於當下之外。並且，當下是唯一一個能帶你超越有限頭腦局限的點，也是唯一一個能帶你通往無時間、無形式的永恆存在領域的關鍵。

過去所發生的事情會在你的頭腦中成為一個記憶，那是過去的當下，當你回憶起過去的事情時，那個存在於頭腦中的記憶就會被啟動，而你是在當下做這件事的。未來是你想像的當下，只是一個幻象，而且未來最終還是會以當下的形式到來。當你憧憬未來時，你也是在當下做這件事。所以說，過去和未來並不會真實地存在，就像月亮的光芒不是來自它本身，只是反射出的太陽光。只有當下才擁有永恆的光芒，而過去和未來都只是當下之光的反射而已。

請不要用頭腦來理解我所說的話，而是用心領會，當你頓悟的那一刻，你的意識就會從頭腦轉變到存在，從時間轉變到當下，這一刻的到來會讓生命中的一切充滿活力，並散發出存在的能量。

◆ 正確利用鐘錶時間

在生活中處理事情的時候我們要學會利用時間，這裡所說的時間我們稱之為「鐘錶時間」，而為了避免「心理時間」的出現，在事情被妥善處理之後，我們要立刻回到當下的覺知中。所謂的「心理時間」，就

是認同過去，和對未來做持續且強迫性地投射。

鐘錶時間的作用不僅僅是安排會議或是計畫旅行這麼簡單，還包括從過去的經驗中學習正確的方法，以免重蹈覆轍；指定目標並且努力實現；透過數學、物理模型，以及規律、法則等預測未來、檢討過去，並依據預測採取適當的行動。

雖然在現實生活中我們離開了時間就做不成任何事，但是當下時刻還是最重要的因素，任何從過去學習到的經驗都與當下時刻相關聯，並適用於當下時刻。任何對未來的計畫和目標的確立與實現，都是在當下時刻完成的。

開悟的人把當下作為其注意力集中的焦點，但是仍然會關注時間。也就是說，他們擺脫了心理時間，繼續使用鐘錶時間。

在對鐘錶時間的利用中，我們應該時刻保持警覺，以免在不知不覺中把鐘錶時間和心理時間相混淆。

例如，當你從過去所犯的某個錯誤中汲取了教訓，並讓你下次能夠避免同樣的錯誤，那麼你就是在利用鐘錶時間；但是，如果你一直糾結於這個錯誤，不斷地批評自己、愧疚懊惱，那麼你就把你所犯的這個錯誤變成了自我感覺的一部分，於是它就變成了心理時間。心理時間始終與錯誤的認同有關，不寬恕必定隱含著一個心理時間的重擔。

再如，如果你為自己設定了一個目標，並且用努力的行動來達到這個目標，那麼你就是在利用鐘錶時間；但是如果你太過執著於自己的目標，並且要透過這個目標的實現來獲取滿足感和幸福感，那你就是把當下貶低成了通往未來的踏腳石，這時，鐘錶時間就會轉換成心理時間。你的人生就不再是一場華麗的冒險，而變成了一個不斷想獲得、想贏取

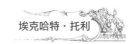

的需要，這樣一來，你就再也看不到路邊花兒的芳香，聽不到鳥兒清脆的啼叫，當下的生命之美再也不會入你的眼，這樣的生命又有何價值呢？

### ◆ 發現生活情境之下的生命

有些人會說：「我的生活真的是一團糟，當我說服自己要活在當下的時候，我感覺到有點自欺欺人。當下的生活真的沒有一絲美好，我無法在當下獲得解脫，而只能透過幻想未來獲取一絲安慰。」

相信很多人都經歷過這樣的心路歷程，其實，當你努力活在當下的時候，你是被時間所控制著的，一個人不可能同時不快樂而又全然地臨在於當下。

當你說你的生活糟糕的時候，我想你應該知道那是你的「生活情境」，那是心理時間：過去和未來。過去的某些事情的發展並不是如你所想，你一直在抗拒過去發生過的事情，而現在，你又在抗拒本然。幻想未來是促使你不斷邁進的動力，但是這種幻想會讓你把注意力從當下移到未來，這樣，你對當下的否定和不快樂就會延續不止。

的確，目前的生活情境是過去所發生之事的結果，很多人受困其中。但是，不妨請你暫時忘卻你的生活情境，把注意力轉移到你的生命中來。你的生活情境是一種頭腦思維的東西，而你的生命則是真實的；你的生活情境存在於時間中，而你的生命就是當下。

找到通往生命的門，那就是所謂的當下，請將你生命的重點集中在此時此刻。大多數的生命情境都會問題重重，但是，問問你自己在此時此刻有什麼問題——不是十分鐘之後也不是明天，而是現在、是當下，

你在當下有什麼問題嗎？

當頭腦被問題填滿的時候，你就沒有足夠的空間讓新的事物進來，也容不下任何解決方案。因此，你需要時時刻刻清理大腦的空間，給新的事物或是問題的答案留出位置，這樣，你就會發現生活情境之下的生命。

現在，請做這樣一個練習：充分地利用你的感官，靜靜地停在原處，看看周圍的事物，只是看看，不要作任何詮釋或分析，仔細觀察這些光線、顏色、形狀、紋理，察覺每樣事物寧靜的臨在，察覺那個容許萬物存在的空間。傾聽聲音，但不作評判，感受聲音之下的寧靜。撫摸一樣東西，任何東西，感知和認可它的存在；觀察你的呼吸韻律，感覺空氣的流入與流出；感覺你體內的生命力，接受萬事萬物的本來面目，你將從時間的夢幻中覺醒，深深地進入當下。

## ◆ 怎麼做比做什麼更重要

用一個簡單的標準就能判斷你是否被心理時間所控制，那就是問問自己：我此時此地正在進行的事情中存在著喜悅、放鬆和自在嗎？如果答案是否定的，你就正在被心理時間所操控，生命成了一種負擔，你只是掙扎求存。

當你沒有從正在做的事情中感到喜悅、放鬆和自在時，你也許會覺得應該改變正在做的事情，其實真正需要改變的是你做事的方法。有一句話說得好：「怎麼做比做什麼更重要。」不妨試著把精力集中在做事情的過程中，而不是過多地去想結果會如何，也就是你全心地投入當下。這意味著你對當下發生的事實完全接納，因為你不可能在完全關注

某件事情的同時又不去認同它。

當你關注當下時，所有的煩惱和掙扎都會瓦解，生命之河將流動著喜悅和安逸。當你的行動處於對當下的覺知時，存在的歡樂就會進入你所做的每一件事，即使是一個最簡單的行動，都將是充滿美德、關懷和愛的。

所以，不要把精力放在結果上，全心全意地專注於行動本身，結果自然會水到渠成。這是一個效果顯著的靈修方式，當今最古老、最優美的靈性教導《薄伽梵歌》，把不執著於結果的行動稱為業力瑜伽，也被稱為聖行的道路。

進入當下，你就不會再依賴未來而獲取成就感和滿足感，將來於你而言再不是一種救贖，你將不會再對結果耿耿於懷，成敗與否不會改變你內心的存在狀態，因為你已經找到了生活情境之下的生命了！

在擺脫心理時間的狀態後，只想變成你本然之外的心理需求不復存在，你的自我感源於你的存在而非你的過往。在生活情境層面上，你也許是富有的、博學的，但是在存在更深的國度裡，你是圓滿和完整的。

當然，在這種圓滿和完整的狀態下，我們依然會去追逐與達到外在的目標，因為在這個有失有得、有形有象的社會中，我們的生活情境需要我們達成或得到某些事情和目標。但你不會再幻想未來有任何人或事能夠拯救你或是讓你快樂，你已經是一個完整的人了，你所做的每一件事情中都有歡樂的能量。

尊重一切卻又看淡一切，身體形式有生有死，而你卻覺知了形式之下的永恆。當這變成你的存在狀態的時候，你如何能夠不成功呢？你已經成功了。

# *15* 感知更深的自我

◆ 向內尋找你的財富

有一個乞丐在路邊行乞了三十年。有一天一個路人經過，「賞我幾個零錢吧？」乞丐喃喃地說，順手伸出了他那頂老舊的鴨舌帽。

「我沒有東西可以給你。」路人回答說。但他又接著問道：「你屁股下面坐著的是什麼？」

「沒什麼，」乞丐回答，「它只是口舊箱子，從我有記憶以來，就一直坐在上面。」

「你打開看過嗎？」

「沒有，」乞丐說，「何必呢！裡邊什麼也沒有。」

「打開看一下。」路人堅持說。乞丐勉為其難地撬開了箱子，頓時喜出望外，滿臉狐疑，因為他看到箱子裡裝滿了黃金。

我就是那個沒有什麼東西可以給你，卻叫你打開一直存在於你身邊的寶箱的路人。我所說的不是上面寓言裡有形的箱子，而是與你更貼身的寶箱——你的內在。

「可是我並不是乞丐呀！」我知道你會這樣問。

一個人如果還沒有找到其內在真正的財富——存在的喜悅，以及伴隨它而來的不可動搖的平安，那麼就是乞丐，不管他是否擁有龐大的物

質財富。物質的富裕遠遠不及內在的珍寶，那些依靠物質獲取的享受與滿足，只是片刻的安撫，稍縱即逝，而唯有往內尋找，你才會知道什麼是最珍貴的寶藏。

真理永遠只在你的內心中
外界的事物並不能真的左右你的信念
所有的人心底都有一個神秘的中心
所有的真理就寄居在這裡

這是英國詩人勃朗寧的一首小詩，當你持著一顆安寧的心靜靜默念這幾句話的時候，你是否會在某個瞬間覺得自己的靈魂與這位偉大詩人的思想發生了碰撞，產生了共鳴，那聲音振聾發聵，彷彿在提醒我們：「要忠實於自己的靈魂，你能聽到靈魂發出的聲音。這條路是正確的，沿著它堅定地走下去吧！」

靈魂是你的生命之光，因為你所有的慧根都凝聚其中，所以不要繼續執著地向外界索取智慧，那都是不可靠的。只有從你的內心散發出來的那些金色光芒，才凝結著世界上最偉大的智慧。世界上任何一位偉人告訴你的真理，都遠遠不及它們的作用，因為別人的經驗無法取代你內心的需要。

當人們聽到開悟這個詞的時候，會覺得這是超人類成就的玄學。其實，它並沒有你想的那麼複雜，開悟就是一種與存在合一的自然狀態，是一種與不可摧毀、不可衡量的事物緊密聯繫的狀態。矛盾的是，它就是你自己，但它比你更強大，它能夠找到你名相之外的真實本質。如果你不能感受到與存在合一的自然狀態，你就會感覺你與自己和世界分離，你好像是一個孤立的碎片，恐懼、衝突、矛盾也會隨之而生。

「痛苦的終結」——佛陀用簡單的詞語便定義出了開悟。這個定義中沒有任何超人類的影子，但這不是一個完整的定義，它只告訴了你開悟不是受苦。而當沒有痛苦時，剩下的又是什麼呢？對此，佛陀避而不談，佛陀的沉默意味著，你必須自己去尋找。他用否定的說法來定義開悟，就是不讓你認為開悟是一種超人類的玄學或是常人不可企及的目標。然而大多數佛教徒沒有領悟到佛陀的苦心，他們固執地相信開悟是自己所不能達到的境界，唯有佛陀才能開悟。

◆ 觸碰你最真實的本質

許多人都想弄懂「存在」這個詞的意思，其實這就如同魚兒問：「水？誰能告訴我水是什麼？」當你能夠感受存在的美妙時，你就不會糾結於要用頭腦給它下一個定義。但是，我還是會試圖用語言來描述這不可言說的「存在」。

存在就是超越受限於生死的各種生命形式而永恆的「一個生命」。存在就是無形的、不滅的本質，它不僅超越形體，並且深深地植根於每一個形體之內。存在是你能在每一個當下觸摸到的最深的自我和最真實的本質，請不要試圖用頭腦去理解存在，只有在你的思維靜止，你專注於當下的時候，存在才能夠被感受到。對存在覺知的失而復得，並且能安住在覺知中，就是開悟。

也許有人會問：「你說的存在是指神嗎？」而我想讓你問問自己，當你談到「神」這個詞的時候，你又真的知道什麼是神嗎？「神」這個詞，經過人們上千年的濫用，已經變得很空洞了。我說濫用，是說很多人在沒有理解這個詞的真諦的時候就去使用它，那些無靈性的人自以為

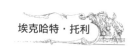

是地反對它，好像知道他們反對的是什麼。

「神」這個詞已然變成了一個封閉的概念。當人們說出這個詞的時候，他們的腦海中會勾勒出一個鬍子花白的老者，如果不是，那也會是個置身於你之外的某個人或物的形象，而且大多是個男性形象。

「存在」或是「神」，或是任何文字，都無法詮釋那種感受無法言說的意義，重點在於，這個詞對你體驗你內心的存在是一個助力還是一個障礙，它所指向的是超越它本身意義的鮮豔的現實，還是過於容易理解，而成了落入你頭腦中的一個概念，成了你的一個偶像或是一種信念。

「存在」這個詞和「上帝」一樣，沒有解釋任何東西，存在的優勢在於：它是一個開放的概念，沒有將那個不可限量的無形的東西縮減成一個有形的肉體；人們不可能把它從頭腦中勾畫出一個形象，也不被任何人所佔據。作為最深的自我和最真實的本質，它其實觸手可及，「存在」這個詞與你能夠體驗到的存在，中間只隔著一小步。

◆ 藉由身體進行轉化

要體驗到存在，就要把自己從認為自己只是身體形式和思維的這種幻象中解放出來。正如佛陀所言，自我幻象是錯誤的核心。

你可見、可觸摸的身體無法將你帶入到存在，這有形有覺的身體只是一個軀殼，或者說是對一個更深層次的本質的有限且曲解的感知。

在與存在相聯繫的自然狀態下，你內心的本質，會以一個無形的內在身體——你內在那個鮮活的臨在——被感知到。所以進駐身體，就是從內在去感覺你的身體，感覺身體裡面的生命，從而知道你是超越這些

外在形式的。

　　然而，這只是你進入寧靜與平和的內在旅程的起點，你將會進入到一個充滿活力與能量的領域。一開始，你對這種感受只是驚鴻一瞥，但是這短暫的一瞥足以讓你明白，你不是這個宇宙中毫無意義的碎片——經歷享受與痛苦，在生與死之間短暫地徘徊，最後走向滅亡，在你的形體之下，和你相連的是一個無比廣博、無比浩大、無比神聖的東西。雖然我現在在談論它，但是這些東西是無法言傳的。我談論這些，並不是為了讓你相信它，而是告訴你如何自己去理解這些東西。

　　當你的思維佔據了所有的注意力時，你便與存在斷絕了聯繫。多數人經常如此，當這種情況發生的時候，你就不在你的身體之內了。思維吸走了你所有的意識，並把它們轉型成思維的東西。你不能停止思考，強迫性的思維已經變成了集體性疾病。你的身分不再植根於存在，你的自我感都來源於你的思維活動，你真正重要的東西——你對更深自我的感知——從你的生命中消失。

　　在你的靈性之旅中最重要的一步就是從你的思維中收回意識。如何做到這一點呢？一個簡單而有效的方法就是：把你集中在思維中的注意力轉移到身體裡，你就能感受到你內在無形的能量場，它就是賦予肉體生命力的存在了。

# *16* 修習臣服之道

◆ 超越快樂與不幸的內在和平

　　許多人會認為內在的和平就是快樂，其實快樂和內在和平之間是有很大的區別的。快樂依賴於被你認知為正面的情況，而內在的和平則不是。

　　而什麼是正面呢？你真的知道正負之別嗎？你是否對正負有一個整體的概念？很多人所面臨的障礙、挫敗、損失、疾病以及各種讓他們痛苦的事情都會變成他們的良師。這些事件教會了他們放下虛假的自我形象，和那些小我所執著的目標和欲望，帶給他們深度、人道和慈悲，也讓他們更為真實。

　　無論何時何地，當一個負面的事件發生在你身上時，其中都有一個更深的功課，也許你在那時並沒有看到它。即使是一場小病或是一個小小的意外，都可能向你的生命展示出什麼是真實的、什麼是虛假的、什麼是重要的、什麼是無關緊要的。從更高的層面來說，生命中所有的情景都是正面的。更準確地說，它們既不是正面的也不是負面的，情景就是情景，只是它們本來的樣子，而你要做的就是全然地接受本然的事實，允許事實的存在，這是唯一明智的生活之道。這樣一來，「好」和「壞」就不會存在於你的生命之中，只有更高的善存在。從思維的角度

來看，好和壞、善和惡、愛和恨都涇渭分明。

全然地接受本然的事實的做法，會讓你超越製造了正負兩極對立的心智和它的抗拒模式，這正是寬恕的關鍵部分。寬恕現在比寬恕過去更重要，如果你寬恕每一刻，那麼你就不必累積需要以後來寬恕的怨恨了。

「接納發生在你身上，織成你命運經緯的一切事件，除此之外還有什麼更能契合你的要求？」這是兩千年前希臘哲學家馬卡斯·奧里亞斯·安東尼能斯寫出來的，他不愧是一位舉世罕見的智者。

請謹記，我們現在談論的不是快樂，比如，當你最愛的人剛剛去世，或是當死亡在一步一步靠近，你絕對不會感覺到快樂，但是你可以處在一種平和的狀態中。可能你也會悲傷、也會落淚，但是請不要抗拒，當你放棄了抗拒，深深的寧靜與安詳以及聖神的存在就會在悲傷之下升起，這就是存在的散發、內在的和平沒有對立的善。

當你面臨一個你可以有所作為的情景時，你應該做的就是，做你必須做的事情，接受它的存在。由於思維和抗拒是同義詞，接納會立刻把你從心智的掌控裡解脫出來，然後再把你和存在重新聯繫起來。這樣，做事的小我動機——恐懼、貪婪、控制、防衛或虛假自我感的餵養——就會停止活動。比思維更有力的智力因素就會處於掌控地位，一個個不同品質的意識就會流入你的作為之中。

許多人在經歷過很多的痛苦之後才會選擇放棄抗拒、接納事實，當他們選擇接納事實的時候，奇蹟就發生了：透過那些看似是邪惡的東西，存在的意識覺醒了，痛苦轉換成了內心的平和。世界上所有邪惡和痛苦的最終效用，就是說明人們認識到超越名字和身體形式的最真實的

本質。所以說，那些被我們的思維認定為邪惡的東西，其實是那個沒有對立面的善的一部分。除非你選擇用一顆寬恕之心擁抱事實，否則它是不會降臨到你身邊的。如果你不寬恕，邪惡就不會得到赦免，惡者恆惡。

寬恕，就是承認與接納過去和現在的事實存在。做到寬恕，轉變邪惡的奇蹟就會在你的體內和體外發生，一個強烈臨在的寧靜空間會在你的內在和周遭產生。任何進入這個意識場的人和物，都會受到它的影響。這些影響有時是立竿見影的，有時是無形的在後來才會出現的。這樣，你不用做任何事情，只是單純地保持當下時刻的臨在狀態，你就瓦解了不協調、治癒了痛苦、驅逐了無意識。

### ◆ 順從生命之流的智慧

在某些人的思維裡，臣服一詞包含有消極負面的含義，常常暗示了失敗、放棄、面對挑戰時的退縮和灰心喪氣，等等。其實，真正的臣服是與上面所說的截然不同的。臣服並不是意味著對生活中發生的一切被動消極地接受，不是說讓你不去做任何積極的努力。

臣服是一種簡單而深刻的智慧，臣服是以順從生命之流代替逆流而上。當下時刻是你唯一能夠體會到生命流動的地方。因此，臣服就是無條件且毫無保留地接受當下這一刻，就是讓你停止對當下的抗拒。透過心理批判和情感否定，內在抗拒對當下說「不」。尤其當事情出錯的時候，就是事情的發展方向偏離了你的期望的時候，內心抗拒就會加強。如果你有足夠豐富的人生閱歷，那麼你就會知道，事情常常會「出錯」，如果你想讓痛苦和悲傷從生活中消失，那這正是你練習臣服之道

的最好時機。接納當下時刻，你就會立即從思維認同之中釋放出來，進而與你的存在相聯繫。

臣服是純粹的內心現象，這不是說你的外在不能採取行動使情況改變。實際上，當你臣服的時候，你並不需要接受整體情境，你所需要接受的只不過是那個被稱作當下時刻的那一小部分。

比如，當你身陷泥沼中的時候，如果你說「好吧，我既然陷在這兒了，那我認了」。這並不是臣服，臣服不是任憑事態發展，你不需要接受不快樂的生活。如果你說：「好吧，我既然陷在這兒了，那在這裡待著也挺好的。」這也不是臣服，臣服不是自欺欺人，你應該完全知道自己必須從泥沼中出來。然後，你需要專注於當下時刻，而不是在心理上給它貼上任何標籤，這意味著你對當下這一刻沒有批判、沒有抗拒、沒有任何消極的情緒，你接受此刻正在發生的事情，你盡自己最大的努力從泥沼中掙脫出來，這是一種積極的行動。這樣的行動遠比憤怒、失望或者挫敗的消極行為更有力。你要拒絕為當下貼上任何標籤，持續修煉臣服之道，直到取得理想的結果。

請看這樣的一個例子，它會讓你更清晰地明白我所闡述的觀點。在一個月黑風高的夜晚，你獨自一個人走在一條路上，重重迷霧讓你看不清楚四周。你藉著一支手電筒，在黑暗中開闢出一道狹窄而明亮的空間。迷霧就是你的生活情境，包括你的過去和未來，手電筒就是你的意識臨在，明亮的空間就是當下。

你內在有這樣一個部分，它不會受到組成你生命情境的階段性環境的影響。而想要接觸到它，就必須透過臣服。它就是你的生命，你的存在，它就是永存於無時的當下之境。找到這個生命，就是耶穌所說的

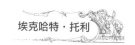
「你唯一需要做的那件事」。

## ◆ 在個人關係中臣服

對於那些想要利用我們、操控我們的人來說，他們是沒有存在意識的人，所以他們會想方設法地從你身上謀取能量和力量。只有無意識的人才會想要利用和操控他人，也只有無意識的人才會被利用和操控。如果你對別人無意識的行為進行反抗和抗拒，那麼你也就會變得無意識。但是臣服絕對不是說你要允許那些無意識的人利用和操控你，你完全可以在堅定地說「不」的同時，讓內心進入完全的無抗拒狀態。當你對一個人或一個情景說「不」的時候，讓這個「不」來自於你對是非的清楚瞭解和洞見，而非你的反應；讓它成為一個非反應式的「不」，一個高品質的「不」，一個免於所有負面情感影響的「不」，這樣它就不會創造更多更大的痛苦。

你與別人的關係將會透過臣服得到深刻的轉變，如果你總是抗拒事實，就意味著你不會接受事物本然的面目。你就會批判、批評、標記、排斥或是企圖改變他人。

如果你一味地把當下作為你達成未來目標的手段，你就會把周遭的人當成是達成目標的工具。如此一來，你們的關係、你周遭的人，對你而言就是次要的或是毫不重要的，你在乎的只是能從這些人身上得到些什麼。也許是金錢的收穫、權力感、身體的歡愉或者其他形式的小我的滿足。

讓我就臣服在人際關係中是如何發揮作用的作個詳細的闡述。當你陷入與他人的爭吵或衝突中時，請觀察你是如何進攻和防衛的，如何

固執己見的，請你感受你好勝心背後的心理——情緒能量。這是小我的思維能量，你透過承認它、感覺它來讓自己變得有意識。然後某一天，當你與別人爭執的時候，你就會恍然大悟，原來你有選擇，並且決定丟掉你的反應只是靜觀其變，這時你臣服了。丟掉你的反應並不是口是心非，如果你嘴上說著：「好吧，你是對的。」臉上的表情卻寫著：「這真是幼稚的無意識之舉。」這無異於把拒絕放置在這個層面，小我思維仍然佔有絕對的優勢。真正的臣服是放下整個爭權奪勢的心理情感的內在能量。

自我非常機靈狡詐，所以我們勢必要保持警惕，非常臨在並坦然地觀察我們是否真正地放棄了思維認同。如果我們突然間感覺到輕快、明暢和寧靜，那麼這就表明我們真的臣服了。

# Part 5

# 阿瑪斯

雕琢心靈的鑽石

## 阿瑪斯 簡介

阿瑪斯，「鑽石途徑」創始人，1944年，生於科威特，精通物理、數學及心理學。

阿瑪斯具有完整的現代心理學背景、豐富的個案經驗，並受過最高層的佛法訓練和東方修煉法門，又擷取了當代神秘學第四道大師葛吉夫的教誨、蘇菲神秘主義、金剛乘和禪宗的精髓。他最主要的貢獻是將西方心理學與東方智慧整合起來，發展出一條循序漸進、直接而精準的「鑽石途徑」。

超個人心理學界的精英肯·威爾伯，將鑽石途徑譽為西方心理學和東方智慧的最佳整合途徑之一。威爾伯說：「它整合了向上迴旋和向下迴旋之道，成為一個前後連貫而又十分有效的內在工作形式。」連托尼·施瓦茨和拉里·斯皮羅這兩位難以取悅的知識界精英，也給予鑽石途徑高度的肯定。《狂喜之後》作者傑克·康菲爾德更是對鑽石途徑倍加讚譽，他

137

說:「阿瑪斯將深刻的靈性智慧及心理學知識注入鑽石途徑裡,這項工作令他成為現代心理學劃時代運動的先驅。」

　　阿瑪斯認為,我們的心靈就像一顆有許多切面的鑽石,大部分的心理學派與靈修體系,都只琢磨了這顆鑽石的某些面向。而他開創的「鑽石途徑」則運用廣泛的方法,整合了情緒治療、認知治療、直覺式地揭露、呼吸技巧、靜坐冥想,以及精微能量的探討,來探索心靈的深度和廣度,幫助人們面對各種心理障礙和關卡,活出充滿關愛、智慧、喜悅、活力的人生。

# *17* 活在世間，但不屬於它

## ◆ 你不是你的人格

有一句諺語是這樣說的：「活在世間，但不屬於它。」不同的人會對這句話有不同的理解，這視每個人的境況、發展以及理解能力而定。這句話其實是一個定位問題，我們會深入地探討這句話的含義，以便你能更清楚地瞭解我們所做的事。

剛剛誕生的嬰兒，他的生命形式可以說是一種純然的存在，全然活在本體中，那是一種無區分性的、與母親渾然一體的嬰兒本體。在這個嬰兒的成長過程中，他的人格會逐漸被拓展，大部分父母認同的是自己孩子的人格而不是本體，因此他們無法鼓勵孩子活在本體中，本體會隨著年齡的增長漸漸被遺忘，人格取代了本體。孩子開始認同種種經驗、概念，以及各種社會給予自己的身分，隨著時間的推移，這些經驗、概念、身分在頭腦裡根深蒂固，逐漸形成了人格。當他們長大成人之後，他們自然而然地就把這個人格當成了真正的自我。

本體一開始就存在了，雖然你看不見它、認不出它，甚至還會用許多方法拒絕它、傷害它，但是它仍然存在著。為了保護自己，它只好藏身於人格之下。

擁有人格並不是什麼壞事，要想生存在世界上，我們就必須擁有

它。但是人格並不是我們真實的身分，如果我們把人格等同於自己那就是在扭曲事實。過去的經驗、信念、身分組成了你的人格，不過你還是可以發展出真正的個人性——個人性的本體。它與掩蓋於本體之上的人格截然不同，雖然這份潛力通常會被我們所謂的自我，以及習得的身分感所接管。

如果一個人認同他過去的經驗和信念，並深信那就是他的自我，那他就是一個「屬於世界，但不活在世間」的人，他不知道其真正的身分是他的本體。

人格只是一個冒牌貨，並不是我們的真實身分，本體才是。對本體和人格而言，世界是同樣的世界，但是它們看待世界的方式卻大相逕庭。一個人之所以會「屬於世界，但不活在世間」，是因為他的定位方向出現了差錯。

## ◆ 發現無價之寶

每個人都想要證明自己是獨立的、堅強的、成功的、有所作為的，這似乎是社會中永恆的議題，幾乎所有人在自己的人生中都設立下了這個目標。這個目標可能來自於本體，也可能來自於人格，這其中存在著很多差別。立足於世上和獨立自主，意味著建立起本體的個人面向，這其實是一項內在的成就，也是一份很深的想要實現自我的欲望。活出真正的你，意味著擺脫過往建構出的所有錯誤身分，這和你在社會上的作為與成就沒有關係。你在社會上的作為和成就能顯示出你是誰，卻無法定義出你這個人。如果你能活出個人性的本體，也就是你的真實身分，那你做任何事情的時候都是定位與本體的。我們常常認為我們所從事的

職業能夠給自己一個真實的身分——讓我們成為一位水電工、一位科學家、一位老師，但是，這意味著我們只認同自己世俗的那個部分。

人格尋求自主和身分的驅動，實際上是一種扭曲的心理反射，它真正想要的乃是本體的某個面向——我們稱之為個人性的本體。在某些蘇菲派的典故中稱其為「公主的珍寶」或「無價之寶」。有許多故事都談過這位「公主」——個人性的本體，如何從監獄之中解脫出來。當然，監獄比喻的就是我們的人格，在別的故事裡，追求此珍寶則代表著對個人性本體的追尋。

我們要如何「活在世間，但不屬於它」呢？我們可以繼續做我們正在做的事情，如繼續當水電工、科學家或老師，但要明確這只是我們另一個東西的反射。但是我們的人生目的卻不僅僅在於怎樣才能做個小有成就的人，而是去發現我們的無價之寶——個人性的本體。如果你是個科學家，即使你已經獲得了諾貝爾獎，但若找不到你的珍寶，你還是不會滿足。

但是，我並不是說要你放棄目前正在追求的東西，也不是說你必須哪也不去只想著這個寶藏，我想告訴你的是，你必須把目標定位於本體，把個人性的本體體現出來。

活在世界意味著你真真切切地生活在社會中，而不是找個寺廟住進去整天在裡面打坐。你的人生就是一場探險，無論在世上做什麼都不是終點，而是將礦石熔成純金的一場嚴酷的考驗。當你認清自己便是個人性的本體時，做什麼就不再那麼重要了，你會自然而然地選擇能拓展及加強「真我」的工作。在證悟了最重要的那個部分之前，你不會有持續不斷的滿足感，沒有任何東西可以取代它的地位。

◆ 發現你是誰

　　如果你真的發現你在世上的處境只是一種扭曲的心理反射，你就會發現真正的存在是什麼。你的事業、愛好、人際關係都很重要，你要讓它們引導你深入理解自己。

　　發現「你是誰」是生命中最重要的事情，下面的故事說明了這個道理。

　　有位修行很深的禪師叫白隱，無論別人怎樣評價他，他都會淡淡地說一句：「就是這樣嗎？」

　　在白隱禪師所住的寺廟旁，有一對夫婦開了一家小店，家裡有一個漂亮的女兒。夫婦倆發現尚未出嫁的女兒竟然懷孕了，這種見不得人的事，使得這夫妻二人異常震怒。在他們的一再逼問下，女兒終於吞吞吐吐地說出「白隱」兩字。

　　她的父母怒不可遏地去找白隱理論，但這位大師不置可否，只若無其事地答道：「就是這樣嗎？」孩子生下來後，就被送給白隱。此時，他的名譽雖已掃地，但他並不在意，而且非常細心地照顧孩子。他向鄰居乞求嬰兒所需的奶水和其他用品，雖不免橫遭白眼，或是冷嘲熱諷，但總是處之泰然，彷彿他是受託撫養別人的孩子一樣。

　　事隔一年後，這位沒有結婚的媽媽，終於不忍心再欺瞞下去了，於是老老實實地向父母吐露真情：孩子的生父是住在附近的一位青年。

　　她的父母立即將她帶到白隱那裡，向他道歉，請他原諒，並將孩子帶回。

　　白隱仍然是淡然如水，他只是在交回孩子的時候，輕聲說道：「就是這樣嗎？」彷彿不曾發生過什麼事，即使有，也像微風吹過耳畔，轉

瞬即逝。

對於白隱禪師來說，無論外界發生了什麼，對他而言都是沒有差別的，真正的他一直沒有改變過，無論發生的是好事還是壞事，他還是原來的他。

我們的本體擁有強大的智慧，會扔給我們一些衝突，好讓我們有機會透過觀察這些衝突，從而認清一些事情。但是這並不是在刁難我們，如果我們把那些衝突看作是一種困境，那我們一定會很痛苦。如果能看清我們之所以會跌倒是因為路上有東西絆住了我們，那我們就會認清障礙是什麼。

我們想要探討的，就是要看看本體給我們帶來的障礙是什麼。我們要消除它、分析它，看清障礙是來自童年、人際關係還是來自目前的生活。我們會逐漸發現屬於我們的珍寶，當我們發現了內在的珍寶，其他的事情也會毫不費力。

◆ 培養你的覺察力

每一個人都是活在世間的，我們所做的事情無非就是那幾件：吃飯、穿衣、買東西、睡覺、工作、爭吵，等等，但是我們在做這些事情的同時，還可以培養我們的覺察力，而不是一味地認同我們正在做的事情。我們把這份能力稱作「留意覺察」或是「不認同」。為了瞭解自己，對這種「留意察覺」、「不認同」的能力的培養是極其重要的，我們必須察覺內在心靈和外在環境所發生的事。世界是一間大教室，給我們提供不同的課程，有關工作、關係、孤獨、依賴，等等，好讓我們發展出自身的某個面向，或是本體的某個面向。

當我們漸漸地學會留意察覺和不認同我們生命中的衝突和障礙時，我們就能逐漸地看清真相，就像看到岩石中金礦的脈絡一般。如果我們能夠發展出留意察覺和不認同的能力，那它就會引領我們經驗到我們的本體。

「活在世間，但不屬於它」不僅說明了自由人的情況，也說明了內心較深刻的面向——本體。然而，這個世界到底是由什麼東西構成的呢？多種多樣的事物構成了這個世界，但我們能夠覺知到的世界主要是由思想、意象、情緒和覺知所構成的，我們眼中所看到的世界，完全取決於我們的思想、意象、情緒和知覺。舉個例子來說，一朵花只是一朵花，但是對於你來說它又是什麼呢？它是你心中的一個意向、一種感覺。如果你坐在一張椅子上，你對這張椅子最直接的感受是什麼呢？難道不是你屁股底下的一種感覺嗎？你心中的某種意向讓你以某種姿勢坐著，這就是你的世界。

你的本體是「活在世間，但不屬於它」的，就像寶石埋在大地之中但卻不是大地一樣。本體存在於你的思想、意念、情緒和知覺裡面，但它並不是它們，只是深埋其中。

我們需要做的是進行一些探索的活動以便發現自己的本體，我們可以探索我們的身體、情緒、思想。比如，你可以在探索你的身體時，發展出對身體的敏感度，這麼做能讓你發現本體是什麼；或許你可以探索一下自己的情緒和知覺，發展你的識別能力。你會看到你信以為真的情緒並不真的是一種情緒；你會認清某種肉體知覺並不是生理上的感覺，雖然很接近，但並不真的是一種生理上的感覺。本體好像是身體上的某種東西，卻又不屬於身體，它就像是肉身的另一個次元，另一個向度。

# *18* 從人格中解脫

◆ 逍遙自在就是解脫

解脫是一種最自然的狀態，自然到你即使擁有了這種狀態，也不知道自己正在經歷這種狀態。處在解脫狀態的時候，不會有令你震撼的經驗，而是像什麼事都沒發生過一樣，很多人經常能夠體驗到這種狀態，但是正是因為它的平常，所以經常被我們所忽略。在生活中，當你沒有自覺意識或不特別關注某個事物時，你就是在經驗解脫。

當你的心變得不執著、不牽掛、不特別關注某個事物時，你就是解脫的。這種狀態最大的特點就是沒有定點，你不把注意力集中在任何焦點上，眼前存在什麼就是什麼。你的心是自由的，心裡不會有「我要這個」、「我要想一想這件事」或「我非得這麼做不可」這樣的想法。你的心處在一種放鬆的狀態，「逍遙自在」這個詞就是我們解脫時的狀態。

解脫意味著不執著於任何事物，擔憂、掛礙、負擔這些感覺都不存在。這時心不專注或束縛於任何特定的意識活動，你就可以輕而易舉地覺知到心中所生起的意念，甚至你並不想覺知它。如果你不在乎自己是否能察覺本體或者本體是否存在，也不在乎自己是快樂或悲傷，不在乎身邊有沒有人陪伴。那麼對於你來說，這些事情就變得不再這麼重

要了，因為解脫的一刻，你脫離了生命的一切牽掛。但是這種狀態不是你透過努力就能達到的，它會順其自然地出現。而且當你注意到它的時候，甚至不會認為它是多麼了不起的事，你會像往常一樣做你正在做的事。一旦把它看成是一件了不起的大事，它就會消失。當你有「天啊，太奇妙了！到底發生了什麼事，我要把這種狀態持續下去」的想法時，它就會消失。

在解脫狀態裡是不存在執著的，事實上，正是因為我們對這個微細的境界的渴求，它才會一閃而逝。小孩子經常處於這種什麼也不關注的狀態裡，比如當他們在玩耍或沒什麼事情可做的時候。但由於以前生活中的習慣，我們的心變得只能朝某個特定方向思考，這樣一來，我們便只關注於一個點而拒絕了實相的其他部分。正是這種朝特定方向思考的模式造成了解脫狀態的喪失，五到六歲應該是一個分界線，在此之前，解脫狀態來來去去，但在此之後，解脫狀態的出現就越來越少了。每個人都會多多少少地經歷解脫狀態，只不過有些人比別人更容易經驗到這種狀態而已。這是一種我們不會特別去意識到的解放狀態，在這種狀態裡，心中所有的事都放下了。但是這並不是一種從特定的壓力之中解脫出來的感覺，而是最原始的解放狀態。你的心是敞開的，你的腦子也沒有特定的想法，你真正地接納了一切，卻沒有意識到你在接納。在這種狀態下，不管你的存在有什麼需求，你的本體都在那裡，但本體並不是你所關切的焦點，因為它就是你當下的經驗。

這種狀態能被談論，但是永遠無法真正地被說出。你也許會發現，這種狀態你早已經經歷了無數次。解脫是個非常普通的狀態，為了活下去和享受人生，每個人都需要體驗它。

◆ 解脫的要素

我們怎樣做才能達到解脫狀態呢？下面就讓我們探討一下解脫的要素。從根本來說，解脫大體上有七個要素。

**要素一：能量。**

借助能量你可以實現人格及模式的轉化。擁有能量表明你有足夠的能力、勇氣和恆心來轉化自己。當你具備了能量你才會感覺到：「對，我一定能做到。我有毅力、潛力和勇氣。」這股能量是你觀察自己和理解事物的燃料。有太多的事情需要理解和體認，所以你需要大量的勇氣和精力才能突破過程中的障礙，有能力應對那些障礙覺知的幻象。因此，能量和勇氣必須發展和釋放出來。

**要素二：決心。**

如果你沒有決心，你的能量就毫無用武之地。挫折和失望接踵而至，你必須有堅定不移的決心和不動搖的意志才能挺過去。毅力能促使你持之以恆，所以，瞭解圍繞著意志和毅力的人格議題是非常重要的事。到底是什麼議題導致了你的被閹割情節？是什麼東西阻礙了你的意志？是什麼東西讓你絕望地想：「失望、痛苦或恐懼讓我堅持不住了。」有了這種能力，你的內在工作才會言行一致。

**要素三：輕鬆感和欣喜感。**

這是一種特定的喜悅感與輕鬆的態度，它是內在工作的本質，也是對真相、看見真相及體認到真相的一份欣喜，和好奇心有點相似——對事物充滿著欣喜的好奇。如果你只有能量和決心，顯然事情會過於壓抑和嚴肅，輕鬆感和欣喜感的加入能夠讓你輕鬆地突破障礙，無論做什麼，你都充滿著興趣。這份輕鬆感之中夾雜著一股孩子般的好奇，當孩

子感到好奇時，他的心中並不存在特定的目標，他不會想到碩士或博士學位，他只是單純地感到好奇而已。

### 要素四：仁慈。

仁慈是非常重要且必要的一種品質，因為過程的艱辛，所以你必須仁慈地對待自己。就因為你還沒解脫，所以自然會受苦，為什麼要用逼迫的方式苦上加苦呢？為什麼一犯錯就必須懲罰自己？仁慈這個元素會讓你更信賴自己、信賴成長的過程、信賴你的心和本體。無私的態度會伴隨仁慈而來，當你擁有仁慈之心時，你自然會友善地對待身邊每一個人、每一件事。看到別人被痛苦折磨，你也會感到痛苦，解脫自己已經不是你唯一的追求，你也想解脫別人的痛苦。解脫是沒有定點的，所以如果你把焦點集中在自己身上，你就變成一個最大的定點。「什麼是我想要的？什麼會讓我痛苦？什麼能讓我受益？」這些想法通通圍繞著「我」以及自我的身分認同。仁慈能夠讓這種固執或設限的傾向消融，使你從自我中心的狀態裡解放出來；仁慈能使你承受住痛苦，使你更信賴你的本體和你的心智能力；仁慈使你在內在工作中變得更柔軟，更慈悲地對待周遭的一切。這是我們在對治人格模式及人格議題時，必須擁有的一種能力。

### 要素五：內心的平和。

獲得解脫的另一個要素就是內心的平和，你不能永遠活在活動和思考的狀態裡，必須有能力讓自己安靜下來。解脫是瞬間即逝的，你必須有能力讓內心安靜下來才能得到真正的解脫，活動和思考都會阻礙你對解脫的體認。一旦你擁有了能讓內心獲得平和的能力，直覺、洞見和細微的觀察就會從安歇的狀態中自然生起。

**要素六：融入。**

無論做什麼事情，你都要專注，就是要完全融入你在做的事情。你完全專注於眼前的事情，徹底融其中，甚至到了忘我的程度。這是一種能力，一種擺脫人格的解放感。人格和經驗之間通常會保持一定的距離，人格會對徹底融入、與經驗合一感到恐懼。當你完全證悟到本體時，這份了悟是無法言說的，你已經完全投入於其中，除了本體之外什麼都不存在了。比如你正在創作一幅畫，你是那麼的投入，以至於你、畫筆和畫作都融為一體。處於這種狀態裡，你的頭腦不再有區分或分別意識。你可以融入任何一種行動、情緒、思想、感覺或本體的某個面向。

**要素七：覺醒。**

剛剛我們談到的是徹底融入經驗的一能力，現在我們要談的則是覺醒和覺知。你的覺知是如此清晰，就像是剛剛醒來一樣，甚至能感覺到周圍都是光。覺醒的品質是內在工作對治昏沉和愚鈍的良藥，你必須靠它來瞭解你所有的人格議題，也必須靠它來對治執著的傾向。你對眼前發生的事充滿覺知，裡面沒有一點昏沉的成分。在你清明的覺知之下，事物變得清楚而明確，你能如實看見事物的真相而非透過潛意識在看，這樣的狀態就像萬里晴空，沒有一絲的雲霧。但這並不意味你在看著一片晴朗的天空，因為你本身就是這片天空，你的心是徹底開放及清明的。

◆ 擺脫執著的鑽石意識

解脫的七個要素最後會結合成客觀意識，這七個要素——能量、決

心、欣喜、仁慈、平和、融入和覺醒，會融合成一種現象，一種客觀的品質。這種客觀意識能夠讓人擺脫人格的執著傾向，讓人不再受超我及無意識的影響，過去的經驗、觀念或意見不會再制約你。你的力量是客觀的，意志是客觀的，欣喜是客觀的，仁慈是客觀的，平和是客觀的，融入的能力也是客觀的。客觀意識將這七個元素帶入了另一個層次，另一種次元。這七個要素是七種精微意識的元素，能量是紅色元素，決心是白色元素，欣喜是黃色元素，仁慈是綠色元素，平和是黑色元素，融入的能力是藍色元素，覺醒是澄明的元素。元素是一種非常精微的東西，有人說它像空氣，能夠產生七種品質的精妙之氣。

因為上述七種元素已經得到平衡，所以意識變得客觀了，而這正是擺脫人格的執著傾向所必備的品質。客觀意識，也就是我們所說的鑽石意識，能夠擺脫人格的執著傾向。鑽石意識是一種全觀意識，它不像人格只集中在某個定點上。

這七個要素都存於當下的解脫狀態中，如果你能客觀地審視內心的衝突和困境，你會發現它們都是對客觀意識的抗拒，或者是迴避事物的真相，一味地執著於你所依戀的事物。

你的人格、人格的運作模式以及好惡模式是你最執著的對象。你和你的人格相處了如此之久，以至於你對它早已習以為常。即使你對它的某個部分感到不滿，你還是會依賴它、熟悉它，因此為什麼要擺脫它？你並不想從中解放出來。

客觀則表明你必須對你的人格所扮演的角色有所洞悉，憑著這份客觀意識才能覺知到解脫境界，因為它沒有任何會阻礙覺知的執著態度或未開化傾向。這七個元素之所以被稱為解脫的要素，不單單是因為它們

可以指引你進入客觀意識和解脫狀態，更因為它們都存在於當下的解脫狀態之中。你本來就是喜悅的、仁慈的、充滿能量的、有決心的、覺醒的、徹底融入經驗中的、祥和的。所有的這些品質同時都存在於客觀次元、鑽石意識或客觀意識之中。

當客觀意識最終覺知到解脫境界時，它會變得更柔軟、更精細、更輕鬆、更順暢，其中沒有任何束縛與執著，也沒有任何偏好和規定。但這並不意味你是客觀的或不客觀的，是仁慈的或不仁慈的，因為連這種分別意識都將不復存在，那些品質全都以互相融合的方式同時存在著。你是如此逍遙自在，根本不會去思考自己是否快樂或仁慈；但只要你一意識到你現在很快樂，快樂就會消失，因為你就是它，事情就是這麼簡單。你照舊做你的事，吃飯、上班、睡覺、和別人打交道，任何事都沒什麼大不了，因為你徹底自由了，你已經學會了怎麼放鬆，你已經解脫了，已經覺醒了。

# *19* 探看生命的不同面向

◆ 透過內在工作回歸自己的本質

我們必須明確，本體並不是一種東西，也不是某種經驗、狀態或存在的某種形式。本體具備多種形態和特質，比如愛、慈悲、真誠、喜樂，還有客觀意識、價值感、意志，等等。這些都是本體的各種特質，它們就像是鑽石的不同切面，映射出了不同的色彩。

我們把這裡所做的工作稱為「鑽石途徑」，鑽石途徑究竟是什麼？實際上它具有雙重意義。

鑽石途徑意味著我們採用的方法具有鑽石般的特質，我把它稱之為鑽石般的覺察力。鑽石的密度很大，是無堅不摧的。我們所採用的途徑是專注而精準的，並且，我們的方法是珍貴的、有意義的，能夠經得起時間的檢驗。

有時我們也把鑽石途徑視為一種內在工作，理解了這句話也許能說明我們進一步認識這裡所做的事。人類和動物不同，因為人類會承受某種特殊的痛苦，而動物卻不會。所有形態的生命都會體會到疾病和死亡帶來的痛苦，但除此之外，人類還會經驗到情緒和心智上的痛苦。自從人類產生以來，人類就飽經情感上的創痛與不滿，人們現在所經驗到的這些問題是一直存在著的，可能我們的痛苦程度比數千年前更強烈了，

但痛苦的本質是一樣的。

　　世界上的少數幾個人已經認清了痛苦的來源：自我疏離。我們的不滿足絕大部分不是源自於疾病或物質上的困苦，而是沒有充分活出自己。疾病或老化所導致的痛苦是沒什麼辦法解決的，但情緒上的痛苦卻可以避免。因為我們不知道自己是誰，不認識我們真正的存在本質，無法自在地活著，所以才會有情緒上的痛苦。這種自我疏離的現象讓我們感到空虛與痛苦，時間久了，生理上的困擾、身心的疾患和其他問題也接踵而至。

　　除了對痛苦來源的認識之外，我們還有一種知識能引導人回歸到自己的本質，如果我們願意而且能接受指引。內在工作可以說是一種學派或方法，它能幫我們認識到痛苦的事實和造成不必要的痛苦的原因，並且能幫助我們回歸到自己的本質，消解不必要的痛苦。

　　消解痛苦並不是內在工作的主要目的。回歸到自己的本質是一種與生俱來的動力，即使沒有痛苦，它也仍然存在。隨著我們對自己越來越有意識，這股與生俱來的、想要知道自己是誰的渴望就越強。我們想要擁有那份能完成我們所有潛力的自由，也想要活出生命應有的品質，如果不能以如此方式生活，我們就會痛苦。所以，內在工作並不是要消解這份痛苦，因為痛苦只不過是我們對「真我」的渴望罷了；它其實是想回歸到自己真正本質的一種預兆。歷史上有許多方法一直試圖幫助人回歸到自己的本質，這股動力激發出世界上各種宗教和靈性運動。所以，內在工作很早就有，從有人類以來，它就一直存在著。

　　但具體來說鑽石途徑究竟是什麼呢？我們必須先認清它的困難是什麼才能夠更好地瞭解它。真正在做內在工作的人都知道這樣一個事實，

探索內心是非常困難的一件事，能夠真正踏上回歸本體之道的人是很少的。其中真正有進展的人是少之又少，最終能完成的人更是寥寥無幾，所以，內在工作一向被人們認為是艱難而危險的。但實際上內在工作並沒有想像中的那麼困難，之所以從古至今它會顯得很困難，主要是因為我們對某種特定的語言、特定的知識的匱乏。

比如，人們一直認為，高度的意志力和決心是進行內在工作的必要條件。在過去，老師經常會責備那些沒有意志力的學生，會說學生不夠投入，沒有堅強的意志力，而這也的確是事實。在內在工作裡，缺乏意志力和決心一直都是個問題，所以老師才會不斷地督促學生，試盡各種方法來幫助他們突破，並引導和激勵他們。老師用各種各樣的辦法激勵學生堅定意志，繼續修持下去。

但是現在我們終於瞭解到，一個人不能運用意志力，是因為他的意志力被壓抑或遮蔽住了。我們終於知道了意志力會因某些理由而被壓抑或遮蔽住，我們這個團體所進行的探索已經讓我們看見，造成這份壓抑的原因之一就是「被閹割的恐懼」。這份無意識裡的恐懼早已被人所熟知，但是大多數人卻並不知道它跟意志力之間的關係。當一個人試著運用意志力時，一股強大的恐懼就會向他襲來。他可能會恐懼自我、能量、意志力被閹割。人知道意志力不見了，就無法果決地行動，無法做困難的事，卻不知道這份恐懼的存在。

如果一個人總是覺得恐怖的事會發生在自己身上，他怎麼能使用意志力呢？這份恐懼可能會讓他覺得「壞事將要發生在我身上」、「我會發生意外」、「我會死」。不論老師的說服力有多強，這個人就是沒有辦法貼近這些恐懼。他並不是不想使用意志力，而是他根本不知道該

怎麼辦，由於壓抑，他的意志力已經消失了。因為這些恐懼是無意識裡的，所以顯意識無法控制它們，如果你抵抗這些恐懼，它們會變得更強烈。有時老師可能會告訴學生「把自己交出來」，學生也知道把自己交出來是最好的事，可是卻無從下手。一想到要把自己交出來，恐懼就會冒出來。把自己交出來是什麼意思？對無意識而言，那表明放棄自己的某個部分、粉身碎骨或是一些恐怖的事。

除此之外，人們一直認為很少有人能進行內在工作，因為大部分人做不到完全獻身其中。人們之所以不想專注於這條道路，是因為害怕失去個人的自由。這時老師就會譴責學生不夠專心，他可能會說「你應該修行全神貫注」，或者「你不知道什麼事情是對你有好處的」。

這或許都是事實，但卻不能解決任何問題。我們現在已經知道，無法專心的議題跟某個深層的心理問題相關聯。我們發現要一個人專注於內在工作，首先必須消除無意識裡對分離的恐懼。每個人的內心都存在一股深沉的恐懼，非常害怕失去自己的身分，失去自己的獨立性和個人性。這些恐懼通常源自於童年的一些信念，我們的無意識認為如果把自己交出來，可能就會失去自己。從某方面來看可能是這樣的，因為當我們進行內在工作時，我們會跟以前所認同的虛假人格分離。為了繼續致力於內在工作，我們必須先解除怕失去身分的恐懼，然後才能看見和發展出我們真正的身分。

◆ 價值觀的改變

內在工作對你有什麼價值呢？首先，我們先從這個問題入手，這個問題提出了三個部分——「內在工作」、「你」、「價值」，這三樣東

西是什麼呢？用一句話說，這三種東西其實是同一樣東西，他們是同一種價值。

對於大部分人而言，通常我們談論的價值指的是超我的價值，那些超我認可的東西你會認為它們是有價值的，那些超我不認可的東西你會認為它們是無價值的。所以，我們的意識、局限和信念決定了我們的價值，一開始我們要賦予內在工作怎樣的價值，要看看我們無意識裡的動機是什麼。

以前你可能會因為你無意識裡的某種匱乏而特別注重某些事物，比如說你覺得自己不夠漂亮，可能就會重視那些能夠讓你漂亮的東西。在這樣的情況下，你對漂亮的重視就來自於你潛意識中的匱乏感。此外，對那些在童年時期給我們帶來快樂的東西我們也會給予重視。

由此可見，我們的價值觀傾向於趨樂避苦，那些能夠讓我們遠離痛苦的東西都是有價值的，這意味著我們高度肯定了自己的防衛機制和抗拒力。

你花了許多年建立起對自己的概念，例如你應該是什麼樣的，世界應該是什麼樣的。這些經年累積下來的夢，很大一部分是基於童年的匱乏經驗。如果你能透過內在工作而更加瞭解自己，並且能看到什麼才是真正的價值，這些欲望和期待就會改變。

剛剛我們只是探討了在生活中我們所重視的東西，而沒有探討價值是什麼。其實，如果你細心地觀察，就會發現，價值其實是會隨著時間的推移而改變的。當你和一個人熱戀的時候，你會非常珍惜他、重視他，一旦你們分手了，他在你的生活中的價值就不再那麼重要了，甚至消失了。但是那是因為他改變了嗎？也許有那麼一點，但是更可能他一

點也沒變，只是你不再喜歡他、不再重視他了。再比如，也許你以前很喜歡吃日本料理，但是現在卻愛上了泰國菜。

透過上面的例子我們得出了這樣一個結論：價值觀的改變通常是和對象無關的。我們常常認為，對象本身是有價值的，但是其實並非如此。對象本身是沒有價值的，價值是從我們心中產生的。價值是我們賦予對象的某個東西，我們決定了我們重視什麼，當我們改變時，價值觀也就改變了，當然此時對象並沒有變。

◆ 真相是一個完整的畫面

讓我們來研究一下「誠實」和「真相」兩個詞語，當我們說很誠實的時候，就是說我們並沒有撒謊。我們對某個人很誠實，是說我們對某人說的都是實話，當然，我們也可以對自己很誠實，不對自己撒謊。再說得深入一點，當我們和某個人說話的時候，我們可以告訴他事實，也可以把發生過的所有的事情都告訴他，但是做個真實的人就是把我們所知道的都告訴一個人嗎？說出這樣的事實能讓我們解脫嗎？

讓我們做這樣的假設：現在是1940年，你正在由納粹掌控的德國，他們正在逮捕猶太人，你的某個猶太朋友來敲你家的門，他想要在你家裡躲一躲，你知道他一旦被蓋世太保發現就一定會遭受折磨，於是你把他藏了起來。不久蓋世太保就來到你家搜查，他們問你，「某某人是不是在你家裡」。此時此刻，什麼才是真相呢？

真相真的能夠讓你解脫嗎？那麼你是不是要把你朋友躲在你家裡的真相告訴蓋世太保呢？你心裡是不是會想，我必須要誠實地對待每一個人嗎？這個例子舉得有點誇張，但是這個例子指出了一個很重要的問

題。

誠實到底意味著什麼呢？透過剛才的例子我們已經知道了，所謂的誠實是有它的局限性的。誠實並沒有將所有的真相考慮進去，有的人會說：「誠實的人就是好人，不誠實的人就是壞人，說出真相你就能上天堂，不說真相你就得下地獄。」上面的例子中是不是存在一個比你的朋友藏在你家這個真相更大的真相呢？這個更大的真相就是：你的朋友是猶太人，他一旦被蓋世太保抓到，下場會很慘。所以說，到底什麼才是真正的誠實呢？說出真相，或是考慮整個情況的真相？答案顯而易見。

因此，真相是一個完整的畫面，是把每件事都考慮進去。

# Part 6

# 尼爾‧唐納德‧沃爾什

### 發現心中的神靈

## 尼爾‧唐納德‧沃爾什 簡介

尼爾‧唐納德‧沃爾什曾是電臺主播、報社記者和主編。他在人生最低潮期寫了一封憤怒信給神，沒想到這信竟得到了回答，也因此產生了一本驚世之作——《與神對話》。

劉德華這樣說：「最近我看完四冊的《與神對話》。這本書不是說宗教，只是說生命，人生路上的一切及整個世界的變化。神說了很多我從來不曾想過的問題，也回答了很多我一直想不通的東西。如果你初看此書看幾頁可能不太懂，但別把它放下，有空的時候慢慢看。我已全部看完，不過，一年後再看可能又有不一樣的領悟。」

李連杰這樣說：「《與神對話》是西方世界流行的作品，它其實是將東方藏傳佛教（密宗）的主要思想精神搬過去，裡面陳述的是很多學教之人都聽過的道理。其中，與西方基督教或天主教最大的分別在於，它否定了神高高在上的存在，神其實就是你，你就是天地的最原始。」

　　金城武這樣說：「前幾年我無意間讀了一本叫《與神對話》的書，說一個事業不如意、離了數次婚的不快樂男人，在絕望邊緣發現上帝願意跟他對話，從此解答了各種關於生命、存在、宇宙等的問題。我覺得相當有趣，還介紹給朋友看。」

　　尼爾・唐納德・沃爾什的著作《與神對話》，被讀者稱之為「一生等待的書」，雄踞《紐約時報》暢銷書排行榜137週，擁有37種語言譯本、銷量超過1200萬冊。它是我們時代的靈魂聖經，它已經改造許多心靈，也必將改善你的生活。

# *20* 經由心靈的道路找到神

◆ 神是觀察者，而非創造者

　　神存在於我們目光所及的每一個地方，他是無形的至尊。然而，你若是認為神能夠創造並決定你生活中的一切，你想要什麼與不想要什麼只需要對神虔誠的祈禱，那你就大錯特錯了。因為，神是觀察者，而非創造者，真正決定你生活狀況好壞的還是你自己。

　　神創造了你，而關於生活中的其他一切，神都把掌舵的權利交予你。神創造了生命的歷程以及你所熟知的生活之後，給你自由的選擇，讓你依照自己的意願去生活。

　　有些人常常抱怨他們的想法無法實現，他們把這歸因於周圍的環境或別人。其實，這和周圍環境又有什麼關係呢。如何看待人生和把握人生取決於我們自己的心態。一個人的心態控制了一個人的行動和思想，決定了一個人的視野、事業和成就。

　　一個人心裡想的是快樂的事，他就會變得快樂；心裡想的是傷心的事，心情就會變得灰暗。在人生的道路上，心中擁有陽光，才會全身燦爛；心中充滿歡樂，才會滿臉微笑。快樂的人並不認為一切東西都是最好的，他們滿足於自己已有的一切。為自己擁有的而慶幸，盡情享受每一天的恩賜，把握短暫的每一分鐘、每一秒鐘。開開心心地去聽一場音

樂會、看一場畫展、讀一本好書，你會發現陽光心情並不是什麼奢望。

我們無法改變人生、扭轉命運，但至少可以改變自己的人生觀；我們無法改變環境、改變別人，但至少可以改變自己的心境。換一份心情，變一種態度，轉一個角度，你就會恍然大悟：不識廬山真面目，只緣身在此山中。

播下一種心態，收穫一種思想；播下一種思想，收穫一種行為；播下一種行為，收穫一種習慣；播下一種習慣，收穫一種性格；播下一種性格，收穫一種命運。心態決定命運，心態決定前程。保持良好的心態，以積極的心態處世，才能在困難面前信心十足，並最終走向成功，收穫心靈的富足。

## ◆ 不要哀求，要感恩

有很多人害怕經歷困難和挫折，所以在面臨逆境的時候總是抱怨神不曾給他祝福，不曾對他使用恩典。可是他怎麼會得不到上蒼的祝福呢？因為，他的境遇太過順利了，所以，上蒼故意安排了苦難，讓他得到更多的磨練。而且，他現時所面臨的苦難，也沒有超過他的承受能力。

神對每個人都是帶著祝福的。如果我們承擔苦難的能力已經到達了極限，那麼，神肯定會給我們最終的恩典。所以，如果我們還在苦難裡不曾得到神贈與的幸運，不是神將我們遺忘了，而是我們的處境還不需要神的恩典。

當你發出祈禱的時候，不要哀求，要心懷感恩。

當你為了自己希望在生活中所擁有的經驗而預先感謝神的時候，從

結果上來看，你就已經承認它存在於你的生活之中了。感恩是向神最有利的宣言，這種肯定的宣言在你還沒來得及說出口之前，神就已經准許了。所以，正確的祈禱不是懇求的祈禱，而是感恩的祈禱。

當然，感恩不是你操控神的工具，也不是你用來愚弄宇宙的手段，你別自欺欺人的說：「感謝神，讓我所希望的事情存在於我的生活中！」而你真正的想法卻是「這東西並沒有出現在我的生活當中」，你難道期待神比你還糊塗，讓你的祈禱夢想成真嗎？

當然，感恩更應該成為我們生活中重要的品質。一位哲人說，世界上最大的悲劇和不幸就是一個人大言不慚地說：「沒人給過我任何東西。」因此，對生活常懷有一顆感恩之心的人，即使遇上再大的災難，也能熬過去，因為在他們的眼裡，每天都充滿著無盡的希望。

生命的整體是相互依存的，每一樣事物都會依賴其他事物而存在，不論是父母的養育、師長的教誨、愛人的關愛、他人的服務……人自從有生命起，便沉浸在恩惠的海洋裡。如果一個人真正意識到這點，那麼，他就會感恩大自然的福佑，感恩父母的養育，感恩社會的安定，感恩衣食飽暖，感恩花草魚蟲，感恩苦難逆境。因為，真正促使自己成功的，不是優裕和順境，而是那些常常可以置自己於困境的打擊、挫折和對立面。

感恩是一種心靈哲學，是生活中的大智慧。人生在世，不可能一帆風順，種種失敗、無奈都需要我們勇敢地面對、曠達地處理。當挫折、失敗來臨時，是一味地埋怨生活，從此變得消沉、委靡不振，還是對生活滿懷感恩，跌倒了再爬起來？英國作家薩克雷說：「生活就是一面鏡子，你笑，它也笑；你哭，它也哭。」感恩不純粹是一種心理安慰，也

不是對現實的逃避，更不是阿Q的「精神勝利法」。感恩，是一種歌唱生活的方式，它來自對生活的愛與希望。它使我們的生活充滿神性的光輝。

◆ 與神的約定

神的話並非戒律，而是約定。這些約定的條款如下：

十項約定

你的內心將會出現這些資訊、這些徵兆、這些改變，而由此你也必將意識到你已經踏上了通往神的征程，你必將認識到你已經發現了神：

1．你必須投入你的整顆心、整個精神、整個靈魂去愛神，並且你不會將別的神放在我前面。你將不會再崇拜人類的愛，或是成功、金錢、權力以及關於此的任何東西。你將會像成人捨棄他們兒時的玩具一樣捨棄這些東西，並非因為那些東西沒有價值，只是你已經過了需要它們的年紀。

你必將意識到你已經踏上了通往神的征程，因為：

2．你將不會妄用神之名義。你將不會為了那些微不足道的小事來向我求助。你將瞭解言與思的力量，到時候你就不會想要以褻瀆神的方式來動用我的名義。你將不會妄用我的名義，因為你無法那樣做。我之名永遠不會被妄用。當你發現了神，你就會明白這一點。

我也將給你一些其他的指示：

3．你將會給我留出一天，並且稱之為聖日。如此你不至於長久停留在你的幻象裡，而且你還會想起你的身分和你的本質。然後，你將很快地把每一天稱之為安息日，而每一分每一秒都將是神聖的。

4‧你將會尊敬你的父親和母親。當你的所言所行、所思所想中流露出對父母的尊敬的時候，你會明白你是神的子女。並且，當你尊敬你的父親、母親，以及世界上所有給予我們生命的父親、母親的時候，你將會尊敬所有人。

5‧當你對地球上的一切生命形式都懷著敬意，從不殺生時，你就能認識到你已經發現神了。你會明白，所有的生命都是永恆的，你將無法以任何方式中止任何生命，除非你有最神聖的理由，否則，你將不會選擇去消滅任何生靈，也不會去改變任何一個生命能量的形式。你對生命的敬意會令你尊重所有的生命形式，包括花草、樹木和動物，唯有在為了最高善事才會去干擾他們。

為了讓你明白你已經走在通往神的道路上，我還會給你如下的指示：

6‧你將不會用虛偽和欺騙褻瀆愛的純潔，因為這是淫穢的做法。我確定，等你發現神之後，你絕對不會有如此的行為。

7‧你不會搶佔不屬於你的東西，也不會為了達成一己私欲去欺騙、共謀，或傷害別人，因為這和偷竊一樣。我確定，等你發現神之後，你絕不會偷盜。

8‧你也不會說謊、不會去作偽證害人。

9‧你也不會貪愛別人的配偶，因為當你明白所有人都是你的所愛之人時，你又怎麼會貪戀別人的配偶呢？

10‧你也不會貪戀別人的財物，因為當你明白所有的財物都是你的財物，你的財物屬於全世界，你又怎麼會貪戀別人的財物呢？

當你看見這些指示時，你將明白你已找到了通達神的路。因為，沒

有一個真正尋找神的人會再做這些事情。

　　這些是你的自由,而非你的限制。這些是我的約定,而非我的戒律。因為神不會支使和命令神所創造的東西。神只告訴孩子們:這是你們回家路上將會認識的事情。

# *21* 愛是最終的實在

## ◆ 給予是獲取愛的唯一途徑

愛，是個令人陶醉的字眼，也是一個永恆的命題。愛就像一塊調色板，創造了五彩斑斕的生活。有了愛，生活中就會有更多的歡樂與和諧；有了愛，我們就可以把冷漠化為親切，把仇恨變為寬容。

每時每刻我們都能看到這個世界上因為有愛而出現的奇蹟，而愛到底是什麼？其實，愛就是讓別人能夠感到幸福的善舉。要想感受到別人的愛，那麼我們首先要給予愛。我們善意的給予能讓自己體驗到愛所帶來的喜悅。而喜悅不是報酬，喜悅就是愛本身。

平日裡，我們多給他人一份給予，就是在做正確而且有益的事情，我們不僅能對自己的良知負責，同時也會有益於這個世界。多關心他人，能使你強化自己的能力，並且追求更高品質的生活。因為，此時你擁有著最佳的心態，並藉著有規律的自律行動，越來越瞭解多付出一點點的整個過程和意義。

寒冷的街頭，一個衣著破爛的丹麥小女孩站在一家蛋糕店門前，看著櫥窗裡的大蛋糕，眼睛都直了。她已經在寒風裡站了很久。這時，蛋糕店裡走出來一個漂亮的女店員：「小妹妹，妳是在這裡等人嗎？」

「不，我是在向上帝禱告，請他賜給我一塊漂亮又美味的大蛋

糕。」小女孩認真地抬起頭問，「姐姐，妳說上帝能夠聽見我的請求嗎？」

「會的！」女店員認真地點點頭，接著，她把小女孩帶進了蛋糕店。小女孩看著五顏六色的蛋糕和光亮的蠟燭，一臉的羨慕和陶醉。一會兒，女店員端來了一盆熱水，拿了一條毛巾。她把小女孩帶到一邊，開始給小女孩洗手洗臉。小女孩的臉已經在外面被寒風凍得通紅了，她睜著一雙大眼睛看著這位女店員在她身邊忙著，一臉的疑惑。到了最後，女店員用碟子端來一塊大蛋糕，上面放著許多亮晶晶的果仁。小女孩遲疑地接過大蛋糕，眼眶裡蓄滿了淚水。

女店員對小女孩笑了笑，說：「小妹妹，還有什麼需要嗎？」

「我可以親妳一下嗎？」小女孩親了一下女店員，俯在她的耳邊輕輕地問了一句：「姐姐，妳是上帝的妻子嗎？」

既然得到愛的唯一途徑是給予愛，為什麼在生活中還有那麼多渴望得到愛的人吝嗇的不願意給予愛呢？那是因為他們內心深處的恐懼，他們害怕他們的給予會讓自己變得匱乏。但實際上，他們錯了，吝嗇帶來的永遠是心靈的不安，唯有給予才是獲取愛的途徑，並且給予越多收穫就越多是宇宙中亙古不變的真理。

◆ 愛是最終的實在

愛是終極的實在，愛是唯一的。在最高的真實中，愛是全部，愛的感受就是你對神的經驗，因為有愛的滋潤，生命才更加色彩斑斕；因為有愛的催發，生命才更加旺盛堅強。愛是世間至高無上的法則，因為它是生命的支撐。

　　每個人的心底都有一顆愛的種子，只有充分認識了這個寄居在所有生命中的偉大的情感，你才能用最真摯善良的心對待每個生命，才能摒除一切令人厭惡的偏見。拋棄固執灰暗的悲觀，與別人分享自己的快樂，並感受他人的幸福帶給自己的愉悅。

　　你不能一個人過著孤獨的生活還期待別人喜歡你，所以，不要吝惜自己的愛心，你要先去學會愛別人，才會理解愛的法則，擁有可愛的性格。愛自己，也要愛別人，唯有如此才能發揮出生命的最大價值。無論世界上發生了什麼，都要學會敞開心扉，真誠地去愛他人，安撫受傷的人，鼓勵沮喪的人，安慰失意的人，幫助落魄的人。當你的仁愛之心像玫瑰一樣散發出芬芳，當你用愛的溫暖治癒了思想上的頑疾，當你用善良的微笑為心靈的創傷止痛，你便洞悉了世界上最大的秘密。

　　曾經行走在世間的諸多大師都知道這個秘密，他們在每一分、每一秒、每一個場合都選擇了愛，愛是出自他們靈魂的真實。

　　有這樣一個故事：

　　有個女人走出家門，發現三位白鬍子老人在院子裡坐著，她不認識他們。女人說：「我不認識你們，但是我想你們餓了，進屋吃點東西吧。」

　　但是，老人說：「我們是不能同時進入一個屋子裡的。」

　　女人疑惑地問：「為什麼？」

　　於是，一位老人開始向女人解釋道：「他叫財富，他是成功，我是愛。我們不能一起跟你回家，所以請你回去和你的丈夫商量一下，想請誰到你們家。」

　　女人回去把剛才的一番話轉告她的丈夫。

男人很興奮：「那我們把財富請進來吧！」

但是女人反對，她說：「親愛的，我們為什麼不把成功請進來呢？」

在屋子的另一邊，兒子聽了他們的對話之後提出自己的意見：「把愛請進來不是更好嗎？」

男人對女人說：「聽兒子的！快請愛進來吧。」

女人到門外詢問三個老頭：「誰是愛？」

愛站起來走向屋子，其他兩個老頭跟在他後面也進去了。

婦人吃驚地問財富和成功：「我只是請愛進去，你們為什麼一起進來呢？」

這兩個老頭一起回答：「假如你請的是財富或者成功，其他兩個都不會跟著去的，但當你把愛請進家門，不管愛到了什麼地方，我們都將跟隨。」

假設我們擁有了一切，但是唯獨缺少愛，那這一切就等於零，會變得毫無意義；但即使我們失去了一切，只要擁有愛，一切便都有重新得到的希望。請記住，無論在任何情況下，用愛播種，一定能使生命之樹翠綠茂盛，無論是陽光下，還是風雨裡，都可以感受到幸福的存在。

◆ 人際的奇妙躍升

生活中，我們常常會遇見這樣的人，他魅力十足，能夠輕而易舉地把周圍的人引入他的軌道。當你和他談論人生時，他的目光中洋溢出亮麗的光彩。每次和他聊過以後，你會覺得剛才好像沐浴在一道美麗而溫暖的陽光裡。

　　這光就是愛，我們大家都可以得到這古老的、美麗的秘訣。當我們真誠關心他人，美就會降臨，使人難以抗拒。我們希望每個人都是這樣的人，我們每個人都能變成這樣的人，我們一定能夠做到的。

　　我們大多數人日常生活中總是煩惱多於平靜。然而，只要我們花時間走出自己的小圈子，去關心他人，我們就能獲得上天的力量，我們的心情便會豁然開朗。

　　不管你有多忙，都不要敷衍家人、朋友、戀人、同事。輕柔地說、專心地聽，把每一次談話都當作今天你心裡最重要的事。交談時凝視孩子們和伴侶的眼睛。摸摸貓，拍拍狗，對你遇見的每一個生靈都慷慨施愛……

　　看看一天結束的時候你的感覺會有多麼不同。

　　如果你能夠把神性帶到生活中的人際交往上，那麼你一定能體會到人際關係的奇妙躍升，不妨試試下面的做法。

　　當你談論自己的時候，保持謙虛的語態，免得有人認為你是在自視清高地吹噓自己；

　　說話的時候語氣要溫和，免得人們認為你只是想譁眾取寵；

　　擁有敦厚的品格，在與人交往的過程中盡量讓別人感受到你的愛；

　　坦誠對待自己內心所想，別讓人覺得你有所隱藏；

　　清清楚楚的表達出自己的意見，不要讓別人誤解你的意思；

　　表達你對他人的愛意，讓別人知道他在你心中的分量；

　　對待任何人都要有尊重的態度，不要讓別人感受到屈辱。

　　要記住，讓你的存在成為他人生命中的禮物，給他人帶來歡笑和愛。

# *22* 從內心呼喚快樂

### ◆ 與你的最高憧憬相配

多少人都希望自己的生活能夠平步青雲,而又有多少人實現了這樣的願望呢?其實,這完全出於你的選擇。當你沒有實現你平步青雲的願望的時候,只能說明你還沒有做出這樣的選擇。「相由心生,境隨心轉」,你的世界就是你的所想,是你的思維所專注的世界。如果你希望自己能夠平步青雲,那麼,你現在要做的是改變你關於生活的觀念,改變你關於自己的觀念。

現在你想要得到的和你現在的所作所為之間有差別嗎?如果有,那麼你就沒有依照你的最高願景去生活。既然你明白了現實的你和理想中的你的差別,那麼,請你有意識地改變你的想法、言語、做法,讓它們與你的最高憧憬一致。所以,馬上進入你理想中的狀態,遠離那些與其不符的想法、言語、做法。

其實,這也是在從另一個角度闡述吸引力法則:「心靈的焦點是什麼就能吸引什麼。」如果你能始終專注於自己的目標,那麼,你吸引過來的一定是實現目標的希望。

如果你渴望獲得什麼,那麼,首先想像獲得它之後的感受,這是你吸引它們的唯一途徑。然後,你要讓自己相信,你一定能擁有這一切,

你也值得擁有這一切。最後，你要時刻都專注於上述積極的想法和感受中。

這個想法是否太簡單，不像真的？我只是想要擁有一輛新車，就會真的擁有它嗎？只是想像自己在工作中得到了提拔，這好事就會真的發生嗎？這令人很難相信，但這卻是真的。如果你能積極面對自己的生活，令人滿意的生活就會降臨到你的身上。

反之，如果你認為獲得汽車、升職和令人滿意的生活都是不可能的，根據吸引力法則，想想你會得到什麼樣的結果？那就是得不到它們。

為了充分適應吸引力法則，獲得積極的結果，你必須將渴望的東西具體化，之後就要想像你擁有它之後的喜悅，並堅信你一定會得到它。就是這麼簡單。可是，我們活了幾十歲，一直被教導「為我們的理想而努力」，我們無法相信除了努力工作，還有如此簡單的辦法能將理想變成現實。

當然你不能妄想僅僅透過幻想就可以獲得物質財富和個人成就，你還需要其他的方法，這些方法會幫助你獲得你想要的。但是，如果你不清楚自己想要什麼，或者不能始終專注在你想要的事物上，再努力工作也不能給你帶來幸福的生活。因此，你要清楚自己想要的是什麼。當你能向外界釋放積極情緒時，你就能獲得積極的回饋。當然，做到這一點需要訓練。但是，如果你不夠專心，當機遇來敲門時，你也會錯失良機。

◆ 別去做，而去成為

175

　　許多人的夢想就是擁有一份自己喜歡並且收入豐厚的工作，可是事實往往不盡如人意，自己喜歡和收入豐厚總是相互矛盾，因此，在這兩者之間選擇就成了一個問題。

　　我們先來舉個例子。有些人腰纏萬貫，有些人則兩手空空，而事實上他們選擇的工作是相同的，那為什麼會有這樣的差別呢？因為有些人的技藝比其他人的嫻熟嗎？若是兩個技藝同等的人，都是明星大學畢業，都能遊刃有餘地處理自己的工作，那為什麼還是一個人賺了許多錢，而另一個人窮困潦倒呢？

　　原因在於他們的性格。賺到許多錢的那個人熱情友好、活潑自信，他是快樂的，而窮困潦倒的那個人封閉固執、冷淡悲觀，他是消極的。

　　舉這個例子是用來說明一個問題：你想要成為什麼就能成為什麼，快樂、悲傷、強壯、孱弱、敏感、盲目、善良、惡毒，不管什麼。

　　有些人總是在事業選擇上面倍加糾結，那是因為，他們忽略了存在和行在的區別，他們往往選擇了後者。

　　行在是身體的功能，存在是靈魂的功能，身體無時無刻不在做某些事，它所做之事，要麼符合靈魂的旨意，要麼違背靈魂的旨意，而這兩種情況也決定了你的生活品質。你的靈魂不關心你選擇什麼樣的工作來謀生，等到你垂垂老矣的時候也不會再計較這些。

　　靈魂追求的是存在的狀態，它關注的是你要去的地方是哪裡。你將要去的是一個叫做怕的地方呢，還是一個叫做愛的地方呢？此時此刻的你是在哪裡？而你又是來自哪裡呢？

　　如果你選擇了更為高尚的存在狀態，例如，善良、同情、悲憫、寬恕、博愛，那麼你選擇的是神性，對你來說你選擇什麼樣的工作還會有

所差別嗎？

### ◆ 超越痛苦開啟智慧

幾乎每一個人都習慣性地期望人生一帆風順。有人說：「前進路上沒有挫折是一件多麼幸福的事啊。」但事實上，這是不可能的。只要你活著，就會有完不成的事情，就會遇到自己難以克服的事情。沒有痛苦的人生，從某種意義上來說是黯然無色的。有痛苦，生活的戲碼才更加精彩。

喜歡登山的人都有這種感受，景色平常的地方容易攀登，自然就有很多人；而險峻壯美的頂峰，因為路途艱險、危險叢生，攀登者就寥寥無幾了。其實，人生也和登山一樣，有那麼多人前赴後繼地奔向熱門的地方，卻不知這不過是趨之若鶩的路子罷了。有困難的路雖然曲折，甚至艱險，但也正因為有了一步步的克服我們才能高唱戰歌去面對困難。

有人這樣比喻：好的鐵具是從爐火中鍛造與磨削出來的，好的玉石也只有經過摩擦才見其本色，一粒沙子進入海蚌的體內，它沒有認為面臨滅頂之災了，而是鼓足勇氣把沙子磨練成稀世的珍珠。

淚水、壓抑、黑暗、失敗等等各種各樣的痛苦都會在生命的旅途中出現，但是，愛生活的人並不認為這是一段艱辛的跋涉。因為，他們一直都愛生活的全部，他們的內心每分每秒都充斥著愛，這被我們稱之為生活的東西真是太美妙了，難道不是嗎？生活中有各種各樣我們想不到的事情，其實，這些事情本身並不可怕，可怕的是我們無法從這些事情所造成的影響中抽身出來，儘早的以最新、最好的狀態投入下面的事情。

　　總有人祈求神，讓痛苦遠離他們的生活，而如果你不曾經歷過痛苦，你的智慧又怎麼會增長呢？你又怎麼能體驗到生命的無限歡樂呢？

　　現在的你，要學著如何超越痛苦，沒有痛苦的去愛、沒有痛苦的去放手、沒有痛苦的去體驗、沒有痛苦的去哭泣，甚至沒有痛苦的去痛苦。不知道你能否聽懂我所說的。總之，讓我們感謝神賜給我們痛苦，讓我們在超越痛苦的過程中開啟了智慧。

# Part 7

# 拜倫‧凱蒂

挖掘痛苦的袚因

**拜倫‧凱蒂 簡介**

拜倫‧凱蒂是美國最著名的心靈導師，享譽世界的心靈書籍暢銷作家，「一念之轉」理論的創始人。

《時代週刊》稱她為21世紀的靈性創新者

《倫敦時報》稱她為這個時代最激勵人心的導師

《洛杉磯時報》稱她的「一念之轉」是最簡單、最有效清除煩惱的方法

《時代週刊》這樣評論她：「在凱蒂的引導下，最悲慘的事情都能轉變為難以想像的自由和喜悅。讀者將透過書裡的故事，發現在凱蒂四句反問的質疑下，事實總是變得完美而仁慈。」

《洛杉磯時報》這樣評論：「練習『對自己想法的質疑』，將使你從認定別人是怎樣的人轉而認出自己是怎樣的人，最後你終將明白，你身外的一切人、事、物，全是你一己想法的倒影。你是編故事的人，也是所有

故事的放映機,而整個世界都是你各種想法投射出來的影像。」

她的理論曾影響了包括著名身心靈導師埃克哈特‧托利、韋恩‧戴爾、芭芭拉‧安吉利等數千萬追求心靈成長的人。

埃克哈特‧托利說:「拜倫‧凱蒂的作品可說是地球上的偉大賜福。」

韋恩‧戴爾博士說:「拜倫‧凱蒂是我們這個時代真正偉大而令人激動的導師之一。她對我個人有著極大的幫助。我愛這個充滿智慧的女人。我建議所有人都來學習她非凡卓著的作品。」

能夠受到如此多的稱讚,拜倫‧凱蒂絕對是一朵奇葩,讓我們跟隨拜倫‧凱蒂從全新的角度看待問題,讓所有問題與煩惱隨風消逝。

# *23* 轉念帶來的喜樂

## ◆ 讓批判洩洪

轉念就是為了給你帶來喜樂，已經有無數的人透過轉念獲取了內心的平靜和歡喜，轉念究竟是什麼？它只是簡單的四句問話，它甚至什麼也不是，既沒有動機，也沒有附帶條件，並且，如果這四句話缺少了你的回答，那它就如同一紙空文。如果你有任何信仰，轉念會讓你的信仰更加深化；如果你沒有任何信仰，轉念同樣會讓你獲得無比的喜樂。

轉念的第一步就是寫下你對別人的批判，你的批判對象可以是過去或現在任何讓你討厭的人，任何讓你生氣難過的人，任何讓你矛盾困惑的人，你要做的就是寫下蟄伏於你心底的對他的批評。對有些人說，這似乎是一件不太容易下筆的事情。這也難怪，我們多年來受到的教導就是別去批評別人，然而事實上，即使我們沒有從口頭上說出來，我們內心對我們周圍的人的批判卻一直不曾停止，轉念就提供給你一個機會，讓你可以毫不仁慈和保留的把你對他人的批判發洩出來。這只是轉念的第一個步驟，你此時寫下的話語無論多麼不堪入耳，接下來都會峰迴路轉，引發出無條件的愛。

下面這六個問題就是「批評他人的轉念清單」。

*1*・誰讓你生氣、不高興、失望或是看不慣，他有哪些地方是你不喜

歡的？

　　*2*‧你希望他怎麼做？

　　*3*‧他應該或是不應該怎麼做？

　　*4*‧他怎麼做你才會快樂？

　　*5*‧他在你心中是個什麼樣的人？

　　*6*‧你再也不想跟這個人經歷什麼事情？

　　為了更方便的闡述，我們來看看婚姻觸礁的小Ａ，是怎樣批評她想要批評的人，看看她是怎麼回答這些問題的。

　　*1*‧我討厭我的前夫大壯，他對我說的話不在意，我懷疑在我跟他說話的時候他有沒有在聽。他對我一點也不體貼，他還總和我吵架，我說什麼他都有意見，而且我也受不了他的火爆脾氣，他動不動就生氣。

　　*2*‧我希望他能把更多的精力花在我身上，我希望他能夠更愛我，我希望他能夠知道我需要什麼，我希望他注意自己的身體，多運動。

　　*3*‧他應該少玩點電腦遊戲，他應該告訴我他愛我，他不應該忽視我，不應該不給我面子，當著朋友的面數落我。

　　*4*‧我需要他對我溫柔體貼，我需要他對我坦誠，我需要他能對我分享他的感受，接納我的情緒。

　　*5*‧他在我心中是個謊話連篇、不懂得關心人、不懂得負責的人。

　　*6*‧我不想和他繼續生活。

　　寫下了這些批評，你就完成了轉念的第一步。記住，一定要清楚的寫在紙上，如果不寫出來，只是用頭腦思考來做轉念，那你會被你的心耍得團團轉，唯有把批評誠實的寫在紙上，你才會清楚地看到那些一直跟你糾纏不休的東西。

◆ 四句問話和反向思考

轉念從批評他人開始，接下來就要進行反躬自問和反向思考了。在前面我們已經完成了批評他人的步驟，接下來讓我們繼續往下走。

先讓我們瞭解四句問話：

*1*‧那是真的嗎？

*2*‧你百分百確定那是真的嗎？

*3*‧當你持有那個想法時你是如何反應的？

*4*‧如果沒有那個想法，你會是怎樣的人？

現在，依然以小A為例子，用四句問話來審查剛剛她寫下的「批評他人的轉念清單」裡的第一個答案，在小A的第一個答案中，她說前夫大壯對她不體貼，那麼，現在就開始四句問話。

*1*‧那是真的嗎？反問自己：「大壯真的不體貼我嗎？」如果你發自內心的想要知道真相，答案會自己跳出來。用心質問自己，靜候答案的出現。

*2*‧你百分百確定那是真的嗎？不妨繼續發問：「我百分百肯定大壯不體貼我嗎？我能肯定他不體貼我嗎？是不是有的時候他的體貼沒有被我察覺到呢？」

*3*‧當你持有那個想法時你是如何反應的？正視這個問題，問問自己：「當我覺得大壯不體貼我的時候，我做何反應。」請你列出一張清單，比如：我會不理睬他，我會對他無理取鬧，我會在他專注於他自己的事情的時候故意煩他，我會很傷心，我會對他一直抱怨不停。要一邊深入省思，一邊繼續回想自己在那個情況下的做法。

*4*‧如果沒有那個想法，你會是怎樣的人？現在想一下，如果你沒有

「大壯對我不夠體貼」這個想法，你會是怎樣的人。閉上眼睛，想像大壯的不體貼，想像一下你沒有那個想法的時候你的狀態是怎樣的，看看你會有什麼新發現。

在你回答完「四句問話」之後，接下來要做的事情就是反向思考。你最先的回答是：「大壯對我不夠體貼。」經過反轉之後，就變成了「我對大壯不夠體貼。」想一想這句話，是不是一樣真實或者更加真實呢？當你覺得大壯對你不夠體貼的時候，你是不是對他也不夠體貼呢？

還有一個可能同樣真實或者更加真實的反向思考是：「我自己對自己不夠體貼。」在生活中，你真的時刻關心自己的所想所感，全心地體貼自己嗎？你是不是也有對自己不夠體貼的時候呢？安靜的進行一會兒反向思考之後，你可以繼續依循這個方式，進行作業單上其他的答覆。

反向思考是健康、平安和歡樂的挖掘者，依循這個方法，你能撥開痛苦的雲霧，發掘一些正面的情緒。

這是一個心靈探索的過程，它好比是潛水，經過你的不斷提問，答案才會自動找到你。透過這樣的探索，你會對自己和世界有不一樣的發現，你的人生將徹底改變。

◆ 顛覆你的幸福之道

當你對「轉念」運用自如的時候，你的行動力也會自然而然的提升，你會發現你的每一個舉動都是善良的、仁慈的，並且你將不會再有恐懼。

當你瞭解了自己的想法後，你的身體會自發隨之調整。轉念就是讓你留意自己的想法，當你處理好自己的想法後，做法會自然而然的出

現。難道你認為，你坐在那裡，體悟出一個洞見，問題就解決了？你就能從此安寧的過一輩子？絕對不是這樣的。轉念只是心靈成長中的「半途」而已，還有另一半需要你的行動，只有將你的內在轉念中的洞見化為行動在生活中隨時運用，你才會真正擁有它。

轉念完全顛覆了你的幸福之道，你原本認為別人應該善待你，其實，它的反面才是真的。你自己應該善待你自己，並且，你對別人的批評也會成為你今後生活的警示，這樣，你才會明白什麼才是你的幸福之道。

其實，你給家人和朋友的忠告就是給你自己的忠告。當你能夠跟自己學習時，你就會成為一位有智慧的老師；當你開始懂得傾聽時，就算別人對你的好建議充耳不聞，你也絲毫不會介意。無論你做什麼，你的呼吸、你的步伐都會充滿愉悅，你舉手投足間都將充滿智慧。

瞭解自己是最美妙的事情，它讓我們懂得如何全面負起一己的責任，這是我們的解脫之道。別等別人來瞭解你，要先自己瞭解自己；別等別人來滿足你，你的內在就能帶給你全然的滿足。

我們不知道怎麼改變，怎麼寬恕，或者怎麼樣成為一個誠實的人，於是，我們期待一個能夠模仿的典範，其實，你就是那個典範。除非你改變，否則我們不會改變，你就是唯一的希望。我們要做的就是不斷挑戰你的底線，用一切手段激怒你、煩擾你，直到你了解為止，這是我們愛你的方式。不管我們是否意識得到它，但整個世界都是為你而存在的。除非你能夠找出痛苦的原因，否則痛苦無法成為你的老師，所有的學說理論也全無用武之地。

要將轉念化為行動，需要從你的內在聲音開始，你內在的聲音總

是在說別人應該做這應該做那，其實它更應該告訴你，你應該怎麼做。當你內在的聲音說：「我老公應該把被子折好」時，你需要反向思考：「我應該把被子疊好」，然後，照著這個反向的聲音去做，自己疊好被子，你應該明白，唯一需要清理的是你的心靈。

如果你沒有把被子疊好，更嚴重的後果將會來臨，你將深陷痛苦。而當你去做了，那就是個意外的禮物。你本來等著別人去做，而你出現了，而且就在眼前。

每個人都希望沒有恐懼和悲傷的在人間活出自在幸福，那你要隨時迎接你的任何問題。你的生活將向你顯示你尚未化解之處，你需要做的是敞開雙臂迎接它們，並不斷回歸自己，因為你是自己一直等待的那個人。

# *24* 做真相的情人

## ◆ 找出痛苦背後的想法

我們在生活中有那麼多的執念，有時候，朋友的一句話會變得真實無比，我們寧可被他們氣死，也要證明自己的觀點或感覺是正確的，我們寧可自己飽受煎熬，也不願意輕易放棄對方那一部分責任。而你有沒有想過用一種獨特的方式來探究自己固有的想法，探究那些給我們帶來痛苦的想法。我們不妨問問自己，那些被我們認定為煩惱的念頭，真的有必要存在嗎？

多年以前，有一位女孩因為錯手傷了人而坐牢了，儘管後來被釋放，她仍然很痛苦，就到教堂禱告，希望上帝能夠分擔她的痛苦。看到女孩一臉悲傷，一位牧師問她發生了什麼事。這個女孩哭了，她泣不成聲地說：「我好慘啊，我多麼的不幸啊，我這一輩子都忘不了這件事情了……」

聽完她的陳述，牧師對她說：「這位小姐，你是自願坐牢的。」

這個女孩被牧師的這句話嚇了一跳，說：「你說什麼？我怎麼可能自願坐牢？」

牧師對她說：「你儘管已經從監獄裡出來了，但你的心，還心甘情願地被關在牢裡，那你不是自願坐在心中的牢獄裡嗎？」

「這是什麼意思呢？」女孩不解地問。

「在你身邊發生了一件不好的事情，你好像看了一場不好的電影一樣，天天在回想，這不是很笨的事情嗎？這與重蹈覆轍有什麼區別呢？你改變不了環境，但你可以改變自己；你改變不了事實，但你可以改變態度；你改變不了過去，但你可以改變現在；你不能控制他人，但你可以掌握自己；你不能預知明天，但你可以把握今天；你不可能樣樣順利，但你可以事事盡心；你不能延伸生命的長度，但你可以決定生命的寬度；你不能左右天氣，但你可以改變心情……」

痛苦是一種選擇，每當我們感受到痛苦，就會從細微的不舒適感到強烈的悲傷，從氣憤到絕望，這種反應必定是因為我們內心的某一個特定想法所引起來的，消除這些痛苦的最好的辦法就是：審視痛苦背後的想法，而轉念就是要讓我們看到我們那些想法背後的不真實。透過轉念，你會看到你認為的真相其實完全扭曲了事實。而當你選擇固執相信自己的想法而不去探索真相的時候，你就選擇了痛苦。

痛苦是一種警訊，它提醒著我們，我們正在執著於內心的某個想法。當你選擇正視這個警訊的時候，你就選擇了遠離痛苦，同時，也是你見證生命奇蹟的時刻。不妨讓我們直面痛苦，用轉念的方法，焚化一切對你而言的不實之物，待煙霧盡散，你就會迎來等待你的事實真相。

◆ 只需管好自己的事

我的事、你的事以及神的事，是整個宇宙中唯一的三種事。「神」這個字，就代表著「真相」，真相就是神，因為真相無時無刻不在操控著我們。換句話說，我把任何人都無法掌控的事稱為神的事。

　　我們大多數的痛苦，都來源於我們並沒有在心裡管好自己的事。當我們心裡有這樣的想法，你必須得認真工作、你必須要快樂的生活、你必須注意自己的身體健康的時候，我們就是在管別人的事；當我們在為什麼時候會地震、什麼時候會下雨、自己什麼時候會死這些事情操心的時候，我們就是在管神的事。如果我們的心裡一直在管別人的事、管神的事，我們又怎麼能不導致分裂的後果呢？有一段時間，我總是在想：「母親應該更瞭解我才對」，每當有這樣的想法的時候，我的心裡就不再平靜，因為我是在管我母親的事。同樣，每當我感到痛苦或者孤獨的時候，通常是因為我在管別人的事。

　　如果在你過自己生活的時候，你的心卻在管別人的生活，那誰在活你自己的人生呢？既然你的心忍不住去管別人的事，那你就不可能管好你的事，你便和自己分裂了，那也就難怪你的人生會處處不順了。

　　當你自以為是的想要給別人帶去好東西的時候，即使是以愛為藉口，那也是一種驕傲自大，必定會給他人帶來緊張、焦慮和恐懼。你的唯一本分是知道什麼才是自己最該做的事，在你急著想要解決別人的問題之前，你是否應該先把自己的事處理好呢？

　　如果你完全瞭解我所說的三件事，並且懂得只管好你自己的事情即可，那你一定能夠享受到一種超乎想像的自在。所以，當下一次你覺得痛苦或難過的時候，不妨問問自己：我心裡正在管誰的事？只需這一個簡單的問題，你就能把自己的心拉回到自己身上。如果你一直在管別人的事，那麼你又怎能真正的活在當下呢？如果你真正地做到了只管你自己的事，你會驚喜地發現，原來，你的生命自己正運轉得風雨無阻呢。

◆ 拆穿你的故事

關於那些在生活中我們深信不疑的種種想法，我們常常會稱之為故事。一個故事，可能會涉及一個人的過去、現在或是未來，這個故事可能會對事情應該怎樣、可能會怎樣、或者為什麼會這樣展開想像。當有人臉色鐵青地走出房間、當有人沒有回你的電話、當有你不認識的人對你微笑、當你收到一封不知名的信件、當你的胸口感受到莫名其妙的悸動、當你的上司沒有把一項重要的工作任務給你、當你的伴侶和你相視而坐卻一言不發……在許許多多這樣的時候，你的心裡總是會不自覺的開始展開想像，一個有聲有色的故事就呈現在了你的眼前。而這樣的故事，你一天要創造百十回。而這所有的故事就是你未經檢驗的想法，都在告訴我們這些事情有著它特殊的意義，而我們卻全然忘記了這些只是我們的推論罷了。

我也曾經自己編造過這種故事。有一次，我在我家附近的餐廳吃飯，上洗手間的時候，一位女士剛好從廁所裡面出來，我們目光對視，相視而笑。當我關上廁所門的時候，我聽到她一邊唱歌一邊洗手，我心裡忍不住想，真好聽的歌聲呀！然後，我聽到了她離開的聲音，與此同時，我發現整個馬桶竟然是濕的，我對她的態度有了180度的大轉變，心想著，怎麼會有這樣的人呢？難道她站著尿嗎？天啊！難道他是個男人嗎？有異裝癖的男人！我甚至想當面數落他一頓。我一邊擦馬桶座一邊想著我要怎麼告訴他他的行為有多麼粗魯，然後，我按下沖水鈕，沒想到水花四濺，把整個馬桶座都弄濕了，而我則站在那裡傻笑了一陣。

這件事情發展得是多麼的自然而然，在我採取下一步行動之前，事實就拆穿了我編造的故事，但是生活中並不是所有的故事都能被拆穿，

許多的想法沒有被切斷，於是，小故事變成大故事，大故事再去發展成了某種人生信念。

當你毫無知覺地接受了那些沒有經過驗證的想法的時候，你就陷入了我所謂的「夢」，這夢通常並不是什麼美夢，而轉念是一個契機，讓你來檢驗這些故事的真實性，也會讓令你產生煩惱的故事越來越少。沒有這些故事的時候，你會是個什麼樣的人呢？你的世界裡又有多少這些沒有經過驗證的故事呢？想要知道這些，不妨來探問你的內心吧！

# 25 瓦解痛苦本身

◆ 你的煩惱值得嗎

想法本身並不具有殺傷力，除非你對它深信不疑。想法不會給我們帶來煩惱，我們對想法的執著卻能帶來煩惱。人們會經常討論如何去調整自己的想法，但事實上，任何人都不能掌控自己的想法。對我來說，我不是去放下我的想法，而是用瞭解去面對我的想法，讓我的想法放下我。

對於煩惱的來源，心理學家曾經做過這樣一個有趣的實驗：

他讓參加實驗的志願者們在週日的晚上把自己對未來一週的憂慮與煩惱寫在一張紙上，並寫上自己的名字，然後將紙條投入「煩惱箱」。

一週之後，心理學家打開了這個箱子，將所有的「煩惱」還給其所屬的主人，並讓志願者們逐一核對自己的煩惱是否真的發生了。結果發現，其中90%的「煩惱」並未真正發生。隨後，心理學家讓他們把過去一週真正發生過的煩惱記錄下來，又投入「煩惱箱」。

三週之後，心理學家再次把箱子打開，讓志願者重新核對自己寫下的煩惱，這次，絕大多數人都表示，自己已經不再為三週之前的煩惱而煩惱了。

在這個實驗中，我們都會發現：煩惱這東西原來是預想的很多，出

現的卻很少。人們自認為沉重到無法負擔，但轉瞬也便如驟雨急停。人生的煩惱大多是自己尋來的，而且大多數人習慣把瑣碎的小事放大。

月有陰晴圓缺，人有悲歡離合，自然的威力，人生的得失，都沒有必要太過計較，太較真了就容易受其影響。人到世間上來，不是為苦惱而來的，不能天天板著面孔，傷心，煩惱，失意，這樣的人生毫無樂趣可言，所以，我們應該為自己的人生創造一個樂觀、積極、進取、歡笑、喜悅的個性。快樂地在人間做人，遠離憂愁、悲傷、苦惱，如此活在人間才有喜悅可言。

所有的想法都是自然而然出現的，就像是林中的微風、飄浮著的落葉或是從天而降的雨滴，你是否應允一滴雨的落下呢？雨滴不是你的個人所有，就像想法不是你的個人所有一樣，你一旦瞭解了你所有的痛苦和煩惱，當下次它再出現的時候，你可能會發現它原來是很有趣的。昨天的煩惱如今已經算不上什麼了，回頭看它的時候，你可能會感到好笑，再下一次，你可能都不會注意到它的存在了。

我們不要再強調那些製造自己不快樂的人的態度，我們來想想怎麼才能停止製造不幸的過程。我們是因為想不快樂的事情，並用我們慣有的悲觀情緒去想問題，所以才變得不快樂的。那麼，只要我們停止再想這些問題，停止用悲觀的眼睛看待世界，就會開心得多。

◆ 幸福在於失意時的忘記

有人這樣問：「愛情沒有了，回憶起來甜蜜多一點還是痛苦多一點？」我們常常會遇到這樣的問題，很多人覺得失去了當然是痛苦大於幸福，想起分手時刻的那些傷害，想起痛苦的流淚都會讓人心中作痛。

而有人卻說：「分手了，我記得最多的還是甜蜜，因為，我忘記了那個人和那些痛苦，留在記憶裡最多的還是曾經有一份很美的愛情。」的確，我們傷心、痛苦的時候，最多的還是因為我們無法忘記，無法忘記那些傷痛和失意，那些記憶猶如明鏡一般被我們懸掛起來，每天都在看，每時都在想，這樣的話我們又怎能快樂呢？所以，在失意的時候，人要學會忘記，忘記那些不快，才能夠真正的快樂，才能開始生活新的一頁。

生於塵世，每個人都不可避免地要經歷苦雨淒風，面對艱難困苦，想開了就是天堂，想不開就是地獄。而忘記就是一副良藥，癒合你的傷口，並讓你懷著新的希望上路。

人的一生，就像一趟旅行，沿途中有數不盡的坎坷泥濘，但也有看不完的春花秋月。如果我們的一顆心總是被灰暗的風塵所覆蓋，乾涸了心泉、暗淡了目光、失去了生機、喪失了鬥志，我們的人生軌跡豈能美好？而如果我們能保持一種健康向上的心態，即使我們身處逆境、四面楚歌，也一定會有「山重水複疑無路，柳暗花明又一村」的那一天。

悲觀失望者一時的呻吟與哀嘆雖然能得到短暫的同情與憐憫，但最終的結果必然是別人的鄙夷與厭煩；而樂觀上進的人，經過長期的忍耐與奮鬥，最終贏得的將不僅僅是鮮花與掌聲，還有那飽含敬意的目光。

雖然，每個人的人生際遇不盡相同，但命運對每一個人都是公平的。因為，窗外有土也有星，就看你能不能磨礪一顆堅強的心，一雙智慧的眼，透過歲月的塵尋覓到輝煌燦爛的星星。只不過你永遠忘不掉曾經的荊棘，所以你總畏懼前行。

很多人在失意的時候學會了抱怨，學會了沉淪，忘不掉別人給予

的傷痛。不要拿別人的錯誤來懲罰自己。就如失戀，不是因為你自己不夠優秀，也不是因為你自己倒楣，而是你在錯誤的時間遇到了不適合的人，分開很正常，因為你需要騰出時間和位置去給那個適合的人。但是，在你沉淪的那一刻起，你的記憶力裝滿的都是曾經的傷，又怎能給新的那個人空間呢？所以，一個塞滿了舊的回憶的大腦，永遠無法讓新鮮的東西融進來。

在生活中，有很多的無奈要我們去面對，有很多的道路需要我們去選擇。忘記一些原本不應該屬於自己的，去把握和珍惜真正屬於自己的，去追尋前方更加美好的一切。忘記一些繁瑣，為大腦減負；忘記那些悵惘，為了輕快地歌唱；忘記一段淒美，為了輕柔地夢想。忘記，是一種傷感，但更是一種美麗。

### ◆ 掙脫痛苦的鎖鏈

有一隻兀鷹，猛烈地啄著村夫的雙腳，將他的靴子和襪子撕成碎片後，便狠狠地啃起村夫的雙腳來。正好這時有一位紳士經過，看見村夫如此艱難地忍受著痛苦，不禁駐足問他，為什麼要受兀鷹啄食呢？村夫答道：「我沒有辦法啊。這隻兀鷹剛開始襲擊我的時候，我曾經試圖趕走牠，但是牠太頑強了，幾乎抓傷我的臉頰。因此我寧願犧牲雙腳。我的腳差不多被撕成碎屑了，真可怕！」

紳士說：「你只要一槍就可以結束牠的性命呀。」村夫聽了，尖聲叫嚷著：「真的嗎？那麼你願意助我一臂之力嗎？」

紳士回答：「我很樂意，可是我得去拿槍，你還能支撐一會兒嗎？」

在劇痛中呻吟的村夫，強忍著撕扯的痛苦說：「無論如何，我會忍下去的。」

於是，紳士飛快地跑去拿槍。但就在紳士轉身的瞬間，兀鷹驀然拔身衝起，在空中把身子向後拉得遠遠的，以便獲得更大的衝力，然後如同一根標槍般，把牠的利喙刺向村夫的喉頭。終於村夫被撲死在地了。死前稍感安慰的是，兀鷹也因太過費力，淹溺在村夫的血泊裡。

你會問：村夫為什麼不自己去拿槍結束掉兀鷹的性命，卻寧願像傻瓜一樣忍受兀鷹的襲擊？在這則故事中，兀鷹只是一個比喻，它象徵著縈繞在人生的內在與外在的痛苦，人很容易陷入痛苦中，無法自拔。

其實，任何一個凡人，都會不知不覺地像村夫一樣，沉溺於自己的臆造幻想中，痛苦得不能自拔，甚至，「愛」上自己的痛苦，不願親手毀掉它，儘管只是舉手之勞而已。卡夫卡有一段格言，正是闡明人身陷種種苦痛的洞徹哲理：「人們懼怕自由和責任，所以，人們寧願藏身在自鑄牢籠中。」所以，村夫與他臆想的痛苦（兀鷹）同歸於盡。這個寓言告訴我們：不要等待別人來解決你的痛苦，只要願意，你可以超越它，「槍斃」了你的痛苦。

痛苦是生命的敵人，人生雖然充滿挫折與苦難，但人卻可以一顆豁達樂觀的心靈凌駕於逆境之上。千萬不要沉溺於痛苦之中，痛苦是對心靈的自我囚禁，每個人都應自覺地呵護自己的心靈，別讓它承受痛苦的煎熬。

心靈導師帶來的
36堂靈性覺醒課

# Part 8

# 露易絲・海

生命的療癒之方

露易絲・海，美國最負盛名的心理治療專家、傑出的心靈導師、著名作家和演講家。被媒體稱之為最接近「聖人」的人。她是全球「整體健康」觀念的宣導者和「自助運動」的締造者。露易絲・海揭示了疾病背後所隱藏的心理，認為每個人都有能力採取積極的思維方式，實現身體，精神和心靈的整體健康。

露易絲的個人思想是在她痛苦的成長過程中逐漸形成的。她的童年在飄搖與窮困中度過，自幼父母離異，5歲時遭強暴，少年時代一直受到凌辱和虐待。她後來逃到紐約，歷經坎坷，成為一名時裝模特兒，並和一位富商結婚，但14年後她又被丈夫所遺棄。1970年，露易絲在紐約開始了她一生為之奮鬥的事業。1976年她的處女作《治癒你的身體》出版，奠定了她在心理學領域的專家地位。不久，露易絲被確診患有癌症，她開始在自己身上實踐整體康復的思想。6個月後，她擺脫了癌症，完全康

復了。1984年，露易絲的代表作《生命的重建》出版，很快就譯為25種
文字，在35個國家和地區出版，截至2002年，英文版已再版71次，銷
量2000萬冊。至今，《生命的重建》仍在世界各地熱銷不衰。1985年，
露易絲創建了名為「海瑞德」的愛滋病救援組織。她還建立了「Hay基金
會」和「露易絲・海慈善基金會」，專門幫助和支持愛滋病患者、被虐待
的婦女和社會最底層的窮苦人。她每月一期的專欄《親愛的露易絲》發表
在美國、加拿大、澳大利亞、西班牙和阿根廷等國家的50多種出版物上。
露易絲・海幫助了千千萬萬人改變了健康狀態，提升了生命品質。

　　露易絲的演講和著作將深刻的哲理、科學精神以及博大的愛，結合自
己坎坷的親身經歷，用淺顯生動的語言娓娓道來，如清泉般滋潤著每一個
讀者的心田。

# 26 毫不猶豫地愛自己

◆ 愛自己是最好的靈丹妙藥

我不是治療師，也沒有治癒過誰，我不過是讓人們學會愛自己，藉由這愛的力量認識到自己的神奇，讓他們能夠重新認識自己，能夠更加富有活力的生活，能夠發現自己內在的神奇寶藏，找回生命中的喜悅。我能幫助人們清楚地發現自我旅程中的各種障礙，讓他們學會無論何時都要毫無保留的愛自己，讓他們能夠在問題出現的時候輕鬆自如地應對。

多年來，我接觸過許多病人，也指導過上百個研習班和培訓專案，我從中得出了一樣可以解決一切問題的靈丹妙藥，那就是簡單的三個字：愛自己！當你每一天都給自己多一點愛的時候，你的生活就會發生美妙的轉變，你會擁有親密的兩性關係、你會找到你中意的工作、你會得到更多的財富、你會有好人緣、你會擁有更健康的身體，曾經困擾你的各種問題都會迎刃而解，而所有這一切都是源於簡簡單單的一句話：「愛你自己！」可能你會覺得我把問題太過簡單化了，但是，我的經歷卻告訴我——簡單往往就是深刻。

一位向我諮詢過的客人對我說過：「你帶給我最大的幫助就是讓我找到了自我。」在這個略顯虛偽的現代社會裡，有很多人總是戴著面具

出現在別人面前。久而久之，他們真的喪失了自我，他們不知道自己是誰，不知道自己現在的感受是什麼，不知道自己想要什麼。生命就是尋找自我，你的唯一任務就是深入內心，學習自己是誰，愛自己並不是自私的表現，只有先學會愛自己，而後才能學會愛別人。只有當我們擁有愛和喜悅的時候，我們才有力量幫助這個世界。

愛的力量創造了宇宙，上帝就是愛，每個人都聽過一句話：愛讓地球轉動。的確如此，愛讓整個宇宙凝聚在了一起。

和自己站在一起，接納和欣賞自己的一切，不僅僅愛自己所有好的品質，對自己的與眾不同、曾經有過的恥辱經歷、曾經犯下的錯誤，都要用無條件的愛去接納。

然而，生活中並不是人人都懂得愛自己的藝術。他們重視為愛不停的設定條件，比如，等自己減肥成功之後，等找到了穩定的工作之後，等找到男朋友之後。如果你想讓你的生活品質有所提高，那麼請立刻放下這些限制條件，從現在開始愛自己吧。

整個世界的愛是匱乏的，現代社會中每天越來越多的人因疾病而死亡，這是一個巨大的挑戰，同樣也是一個讓我們探看自己內心的絕佳機會，是時候讓我們超越各種阻礙和所謂的標準來敞開心扉，只要我們足夠努力，生命品質的提高指日可待。

我們所處的時代是一個正在發生重大轉變的時代，而我們選擇成為這個變化中的世界的一員，我們也必須做出轉變。我們需要轉變過去的生活方式，我們需要為自己和這個世界帶來更多的愛和幸福。當我們進入自己的內心尋找著自己的拯救者的時候，我們會發現，我們自己的生命正是有我們自己的力量所掌控的，我們就是自己的拯救者。

如果你這一秒不愛自己，那麼你下一秒也不會愛自己的。你這一秒的藉口也將成為你下一秒的藉口。也許接下來的十年、二十年間，你都會為自己找同樣的藉口。所以，別再猶豫了，從現在起開始愛自己吧。

◆ 我真的不夠好嗎

有時候我們常常會持有「我不夠好」的想法，對不對？其實，這種感覺不過是一種思想上的制約，在令我們憎恨自己罷了。道理很明顯，如果我們常常想自己是一個不夠好的人，那麼這個思想就會製造出一種感受，令我們在這種感受中失落沉淪。我們一旦拋棄了「我不夠好」的思想，沮喪、失落的感受也將不復存在。

「我現在不夠好」這樣的思想，是外界從我們孩提時代開始灌輸給我們的思想。由於當時的我們還太年幼而不懂得辯駁，當時的我們還太弱小而不明白正在發生什麼。所以，「你還不夠好」這句話深深的印入我們的意識，讓它成了一種信念。

回想你的童年，是否會浮現出種種畫面，那些畫面似乎在證明你自己不夠好。

你是否孤獨地坐在家門口，熱切地期待著媽媽回家。在這之前你已經努力地把家收拾好，希望得到媽媽的稱讚。但是，天都黑了，媽媽還沒有回來。最後，好不容易盼到了媽媽，媽媽拖著疲憊的身體進門，看也不看你一眼，對家裡面格外的整潔也視若無睹。那一夜，你是否傷心落淚，把這一切解釋為「我不夠好，我不夠重要！」

你跟鄰居打架，紅著眼回家哭訴。爸爸聽了一句話也不說，還狠狠地賞了你兩巴掌：「你的眼睛是水龍頭嗎？一點男孩子的樣子都沒有，

有本事你把他打哭呀。看你那個孬種樣，我不打死你就不錯了。」

男孩摸著浮腫的臉頰走回房間，心裡暗暗的討厭自己：「我不夠好，我不夠勇敢！」

哥哥又當選模範生了。爸爸媽媽高興地買了個蛋糕為他慶祝，你在旁邊像個多餘的人。媽媽不經意地說：「看看這牆上，貼的全是你哥哥的獎狀，什麼時候也能有你一張呀。」你的心在滴血：「我不夠好，我永遠都比不上我哥。」

這些經歷讓我們從小就開始接受「我不夠好、不夠可愛、不夠優秀」這樣的訊息，而且我們對這些訊息深信不疑，因為它們都是從那些比我們年長的人口中得來的。我們依賴這些人，相信這些人，以至於我們完全沒有去質疑他們的念頭，於是我們像接受真理一樣的接受了他們傳遞給我們的這個信念，讓它成為了我們身體的一部分。

可是，我們卻不能因此而責怪我們的父母，因為我們的父母並不懂得如何教我們愛自己，他們只是盡自己所能，把他們在童年時代學到的東西教給我們。如果你想更多的理解你的父母，你就應該抱著同情心去傾聽他們童年的生活，你會明白他們的恐懼和嚴格從何而出。

很多人都在生活中承受著自我憎恨和內疚自責的痛苦，而這是亟需改變的。

如果你一直生活在這樣的痛苦中，你一直認為自己不夠好，認為自己沒有價值，那你又怎麼會擁有一個美好快樂的人生呢？如果你時常沈溺在自怨自艾的痛苦中，那你的能力就會衰弱，且處處碰壁。

你需要做出改變，扔掉你頭腦中「我不夠好」的念頭，看到自己的生命價值。每個人都不可能完美無缺，如果你從內心接受自己，喜歡自

己，坦然地展示真實的自己，還會有任何問題出現嗎？

## ◆ 和童真的自我交流

在學習愛自己的過程中我們需要做的很重要的一件事情就是：照顧已經被你忽視了很久的童真的自我。不管你現在的年齡如何，你身上都有一個童真的自我，等待著愛和接納。如果你是位女士，不管你多麼的優秀強勢，你身上永遠有一個需要關懷和體貼的小女孩；如果你是位男士，那麼不管你多麼的富有男子氣概，你身上永遠有一個需要溫暖和讚賞的小男孩。

同時，我們身上還有父母的部分存在，所以說，我們身上存在著孩子和成人兩個不同的自我。成人總是在不停地指責小孩，如果你注意聽，你會聽到成人的責罵聲，責備你如何不夠好。我們總是會在長大後忽視我們身上童真的自己，像小時候父母責備孩子一樣責備童真的自己，並且一遍一遍自我暗示這種責備。

當你感覺到害怕的時候，是你童真的自己在害怕，是因為他沒有得到大人的幫助，成人是不會害怕的，所以你需要讓你體內的成人和孩子進行溝通，交流他們所做的每一件事。也許你在想，這聽起來太荒謬了，但如果你試試看，你就會發現這真的有效。你要讓那個童真的自我知道，無論發生任何事情，你都會愛他、並永遠和他在一起。例如，你小時候可能被狗咬過，或者因為狗而受到過驚嚇，你現在雖然已經長大了，但是你內心那個童真的自我對狗的恐懼依然存在，當你在路上看到一條狗的時候，童真的自我會被嚇得大叫：「這狗太凶了，說不定牠會跑過來咬我！」這時，就是讓成人的自我登場的時候了，你要安慰童真

的自我：「沒關係，我現在有足夠的能力保護你，我不會讓你受到傷害，別再害怕了。」

親情友情是美妙的，但是這些關係同你和自己的關係比起來都相形遜色，你和你自己的關係才是永恆的，請你愛你身上童真的自我和成年的自我。

養過寵物的人都知道，當你回家的時候，你的寵物會立刻跑到門口和你打招呼，牠不會在乎你的樣貌、你的年齡、你是不是有錢，牠在乎的只是你，牠對你擁有無條件的愛，所以，請像牠愛你一樣愛你自己吧！為自己的存在而喜悅，只有你能陪伴自己度過一生而高興。如果你不愛那個童真的自己，別人也很難愛你，所以，請無條件的接納自己、愛自己吧。

◆ 愛自己的療癒之方

選擇看到自己最好的一面，你要做的就是把你心靈中毀滅性的、負面的、充滿恐懼和不安的觀念和想法除掉，那些不好的東西是我們愛自己道路上的障礙。告訴自己：我要靠我自己的力量站直，我要時時刻刻為自己著想，我要給自己我所需要的，我越是愛自己人們也就會越愛我，我是宇宙的恩典，我的人生將美麗而豐富。我願意學習愛我自己。

下面是「愛自己」的行動方針。

*1．讓所有批判之聲停止*

批判是一種沒有任何積極意義的行為，它只會讓你的生活陷入更深的黑暗。從現在開始，停止一切批判的言行，不要批判自己，從你的身上拿掉這個負擔，也不要批判別人，通常你看不慣別人的那些缺點，就

是你對自己不滿意的東西的映射。批判是我們生命中最大的局限，只有我們自己會批判，生命本質和宇宙從來不會這樣做。

2‧別再嚇唬自己

生活中，我們總是有意無意地用自己的想法嚇唬自己。當我們學會使用正面的言辭，我們的生活會變得更加美好；當你發現你又在自己嚇唬自己的時候，要立即對自己說：「我的生命中充滿著安全感，我要從恐懼中解放出來，我將會過著圓滿的生活。」

3‧用心經營和自己的關係

在這個忙碌的社會中，我們十分重視自己和他人的關係，但是往往會忽視了自己，因此，把你經營和他人的關係的時間分散出來一些，時時刻刻關心自己的所思所想，多愛自己一點，多多關照你的心和靈魂，你自己才是你應該最愛的人。

4‧對待自己就好像你被愛一樣

尊敬自己、珍惜自己，當你愛自己的時候，會更容易接納別人對你的愛。愛的定律是你必須集中注意力在真正需要的事物上，而不要耗費能量在不需要的事物上。所以，把注意力放在愛自己上面吧。

5‧照顧身體

你的身體是你的珍寶，如果你想健健康康、長命百歲，那從現在開始好好關照你的身體吧。充足的營養和適量的運動會讓你看起來容光煥發、充滿活力。

6‧不斷學習

有時候我們經常會因為自己這也不懂那也不懂而產生一種挫敗感。那為什麼不學習呢？俗話說活到老學到老，在這個資訊社會裡，到處都

是書本、培訓課程、教學視頻，你可以利用圖書館的資源或是網上的資源，讓自己永遠處在學習與成長的過程中。

7．學會理財

金錢不是萬能的，但是現在社會中離開錢是萬萬不能的，每個人都有權利擁有金錢。金錢是我們自我價值的一部分，我們不但要有賺錢的能力，也要有理財的能力，讓自己不斷地累積財富，這是你值得驕傲的能力。

8．多一點創意

充分發揮潛能的任何活動都是有創意的表現，不管是你獨創了一道你的私房菜還是自己設計你家的裝修，這都是你的創意。給自己一點時間表現，如果你有小孩要照顧而時間不夠，不妨找個朋友來幫忙。你們值得花更多的時間為自己做點事。告訴自己：「我會一直發揮我的創意。」

9．讓喜悅和幸福在心中滿溢

找到你內在的快樂源泉，並一直和它們保持聯繫，讓自己的生活充滿喜悅和幸福。當你快樂的時候，你會活力煥發，周圍的事物也能被你的快樂感染。

10．重視承諾

信守承諾是我們每個人都要學習的事情，但千萬不要輕易做出承諾，對自己對他人都一樣，除非你確信自己能夠完成你所承諾的事情，否則，不要做出承諾。

◆ 銀髮也是一種美

衰老是很多人都懼怕的現實問題，他們理所當然地認為衰老就意味著失去了吸引力。但是，衰老卻是生命的進程，是人們無法阻止的自然規律。我們如果不滿意自己的過去和現在，不能接受童真的自己，那顯然我們也不能接受將來的自己。

隨著時間的消逝，除了變老我們還有別的選擇嗎？難道你要選擇離開這個世界嗎？我們只愛年輕時候的自己，生命的各個階段我們都會有別樣的經歷，為什麼我們不愛老了之後的自己呢？

2009年的倫敦時裝週，Dior秀場。一位銀髮模特兒在骨瘦如柴的年輕女孩中間獨領風騷。她就是有著「世紀超模」美譽的達芙妮·賽爾芙。當年79歲的她，身姿挺拔，步態優雅，一派女王風範。2011年2月的中文版《Vogue》的特別企劃「愛上每個年齡的自己」又請來已經年過80的達芙妮拍攝主題照。滿頭銀髮和深刻的皺紋，在黑白照片中衝擊力十足，讓人覺得這是自己所不能想像到的80歲女人最美的樣子。

達芙妮說，自己從來不去染髮，也永遠不會去做整形手術。她現在的出場費是每場3000英鎊，D＆G以找到她拍攝硬照為榮。但她從來沒有忘記自己是誰，她認真完成每一次走秀，每一次拍照。

當記者問她如何保持美麗的時候，達芙妮說：「接受你自己，親愛的，接受你的樣貌，你的年齡，要知道發光的是你的內心。」

每當提到衰老這個詞的時候，我們就會擔心失去自己美麗的面容和強健的身體，大多數人眼中的衰老意味著皺紋滿面、頭髮花白、老眼昏花、皮膚鬆弛，但是我卻想變老，因為那是我生命中的一部分，我們來到這個世界上就是要經歷生命的各個階段。

所有的人都不想變老、不想生病，但是別將這兩者混為一談，不

要以為死亡就一定要經過疾病,對我來說,我不認為我們會因為疾病而死。相反,當時機已到,我們生命中的各種夢想都得到實現之後,我們可以在我們休息的時候、在睡夢中安然離世,我們不必被病痛折磨、不必用自己的身體嘗試各種醫療器械、不必在白色的病床上讓別人伺候著、痛苦地躺在那裡等待死亡。到年老的時候,我們依然可以健康地享受豐富多彩的生活。

# 27 心想事成的秘密

## ◆ 我是唯一的思考者

我相信生命是非常簡單的，我們送出去的任何東西，轉瞬間就會用各種方式回報在我們自己身上。所謂種瓜得瓜、種豆得豆，付出了就會得到一切應有的果報。現實中你的樣子也往往是你內心所想的樣子。如果你心裡認為自己好，那你會變得更好；如果你心裡認為你自己壞，那你只能變得更壞。

我們自己是生命中的喜悅與痛苦的創造者，我們此刻的所思所想是「因」，我們未來所顯所現的是「果」，未來的自己就是由現在的自己所創造的。我們得為自己所創造的一切買單，別總想著責怪別人，如果有錯，那錯一定在我們自己。

我們自己的力量超越萬物，沒有任何人、事、物會比我們更強大，因為「我」就是唯一的思考者。當我們自己在頭腦中創造平靜、安寧、美妙的時候，我們將會欣喜地看到周圍的一切也被這種平靜、安寧、美妙的氣氛所籠罩。

我們不妨想想下面的這兩句話哪一句是你經常持有的觀點。

1・所有的人都不友好，他們似乎別有用心。

2・所有的人都能夠對我提供友善的幫助。

別小看這兩個句子的能量，它們往往會創造出不一樣的環境，你所想的往往會變成現實。從另一個角度來看，我們的潛意識也常常接受我們所想的一切。既然我們所想的會變成現實，那麼我們為什麼不去選擇相信「所有的人都能夠對我提供友善的幫助」呢？

世界總是接受我們自己對生命的想法。如果你選擇相信生命是清苦的，是孤獨的，那麼，你的生命很可能真的變成清苦而孤獨，因為你總是躲在角落中，愛的光輝自然照不到你。而如果你選擇相信生命中到處充滿了愛，那麼，這個想法也會變成現實，你的生命將被愛填滿，到處都是愛你的人和你愛的人。

你所看到的世界是你所選擇看到的世界。請記住，你是唯一的思考者，要怎樣思考，完全是你的選擇。即便有時我們會習慣地把一個思想重複選擇，而且從表面上看好像沒有別的選擇餘地了，但事實上我們仍然有能力去選擇更加積極的思想。我們有能力選擇某些思想，也有能力拒絕某些思想，難道不是這樣的嗎？只要想想我們是不是總是選擇去拒絕一些積極的思想，就可以明白了。那麼，當然我們也可以選擇去拒絕一些消極的思想，這是不用懷疑的。

## ◆ 身體與心靈的聯結

神經學專家坎德絲·波爾在腦部研究中創造出「神經介質」這個詞，意思是「化學傳訊者」。當我們產生了一個念頭或一句話的時候，這種物質會漫遊過我們的身體。當我們的想法是憤怒的、批判的、吹毛求疵的，神經介質製造出的化學物質會壓抑免疫系統；而當我們的想法是溫暖的、有愛心的、正面積極的，神經介質會運送其他的化學物質，

增強我們的免疫系統。人類的身體與心靈相互連接這個事實得到了科學家的認同。事實上，身體與心靈的溝通交流無時無刻不在進行著，你的心靈會把你的想法傳遞給你身體內的細胞，讓它們時時刻刻都知道你的所思所想。

每天會有超過六個想法閃過我們的大腦，這些想法的效果是累積的。不管你是有意識的還是無意識的，你的身體每分每秒都在選擇健康或是不健康的狀態，這些想法會對我們的身體產生深遠的影響。不愉快的想法會毒害我們的身體，科學研究證明，長時間沉迷於負面的思考狀態會讓我們生病。

你現在的想法是積極的還是消極的？你的身體裡通過的是哪一種神經傳訊者？你現在的想法會損害你的身體還是帶給你健康？

許多人都會因為憤怒、抱怨而在體內產生毒素。你所不知道的是，你是你自己抱怨的受害者，神經傳訊者會帶著這些抱怨的想法，慢慢滲透到身體裡，毒化每一個細胞。

我們同樣清楚地知道這樣一個事實：自我總是讓我們失去自由和快樂，它會在我們的內部不停的絮叨，讓我們多吃一口、多喝一杯酒、多吸一支菸，然而，我們並不等於我們的這個身體，也不等於我們的這個想法，更不等於所謂的自我，我們是思想的主宰者。當我們的自我價值和自尊足夠強大時，便絕不會輕易對自我的要求說是，我們遠比眼中的自己要強大得多。

現在就振作起來吧，對著鏡子，凝望自己的雙眼，大聲地對自己說：「我愛你，我要從此刻開始重建我的生命，提升我的生命品質，我要成為一個快樂而充實的人。」當你對自己說這番話的時候，注意一下

你腦海中產生了什麼樣的想法，如果產生了負面想法，你不妨承認它，但是不要給予它力量。

從現在開始不妨做一個簡單的聯繫：每一次照鏡子的時候，都對自己說一些積極正面的話，可以是在心底默默地說。如果時間匆忙，就說一句簡單的「我愛你」。這個練習，會給你的生命增加力量，怎麼樣，不妨從現在開始嘗試吧。

◆ 篩選有益信念

我們的意識就像是一座花園，心靈的花園和你家院子裡的花園是一樣的，要想讓花園開出美麗的花朵，肥沃的土壤是必備元素。播種前，你需要除去雜草、拿開石頭、給土壤施肥，這樣，你播種的農作物才會長得又快又好。

在心靈的花園中，如果你希望肯定的力量能茁壯成長，那麼你就要先把你的負面信念除去，接著播種下你的正面想法，這樣，才能保證你思想的花園花團錦簇。那我們如何才能把存於內心的負面信念釋放掉呢？或者說，我們怎麼做才能改變我們的負面信念呢？

你首先要做的，就是知道自己持有哪些負面信念。很多人對於自己所相信的東西沒有什麼概念。你一旦認清了你的負面信念之後，你就能夠決定是否要讓這個信念在我們的生活中影響我們。

認清你的信念的最快方法就是拿出筆和紙，把你對一些事物的看法統統白紙黑字的寫下來，包括工作、金錢、愛情、婚姻、課業、衰老、死亡等等。每一個你認為有意義的生命議題你都可以寫出來，寫下你對它們的看法。這可能要花費你一點時間，但是這麼做絕對是有意義的。

不管你的想法看起來有多麼愚蠢，都要讓你的筆尖忠於你的內心。只有當你認清你持有哪些負面信念之後，你才能在你的生活中做出正面的轉變。透過自我覺知的過程，你可以在任何時候實現自我的重建，變成你的理想模樣，過著你的理想生活。

當你羅列完你的清單之後，把它從頭到尾讀一遍，首先標出對你有益的信念，將這些信念好好地保存起來，並且在今後的生活中強化這些信念。然後，用不同的記號標出那些讓你感到消極的，不利於你向目標邁進的信念。這些信念是你幸福生活的阻礙，你必須消除或是重新調整這些信念。

下一步要做的是逐一審查你的負面信念，然後問自己：「我是不是要讓這個信念繼續在我的生活中存在？還是我想要放棄這個信念？」如果你願意放棄你的這些負面信念，那麼，再重新做一份清單。為了提升你的生活品質，把你每一個負面信念的言辭轉變成為肯定言辭。比如說：

把「我真是一個沒用的人」轉變為「我是一個自信滿滿並且有所作為的人」。

把「我找不到合適我的工作」轉變為「生命品質會將一份好工作帶到我面前」。

把「我體質不好、總是生病」轉變為「我是一個健康強壯的人」。

把「我太窮了」轉變為「我是一個擁有無數財富的人」。

轉變你的每一個負面信念，把它們變成對自己有益處的、個人化的行為法則。為了你生命品質的提升，自己為自己創造想要的方針指南。每天對自己大聲讀出你的正面聲明，相信不久它們都會成真。

# *28* 提出生命新方向

## ◆ 查看你的「應該」清單

生活中的大部分問題，無非都是這樣幾類：身體上的疾病、與人相處上的障礙、親密關係的失調、工作上的不順、物質上的匱乏、精神上的苦悶。大多數人都知道他們的生活中有各種各樣的問題，但是他們卻不知道他們的這些問題都來自於他們的思想。由於思想的不正確，這些問題才會乘虛而入。

當有人向我訴苦的時候，我往往會問他們一些基本的問題：你是做什麼工作的？你現在的經濟狀況怎麼樣？你上次分手是因為什麼原因？當我聽他們訴說的時候，我會觀察他們的身體姿勢和面部表情，更會用心聆聽他們的每一句話。

思想和語言會創造出我們未來的環境，每當我聽到別人訴說自己的問題時，我就已經準備好了要去理解他們的問題。我們的語言能表達出我們的思想，有些時候我們所使用的語言卻和我們所描述的經歷不相符。這時候，我們要麼是不知道真相，要麼是在說謊。

我會給每個人一支筆和一張紙，讓他們寫下五六句話，以表明自己應該怎樣做。有些人會拿著筆半天也寫不出一句，有的人則洋洋灑灑寫一大篇。然後，我讓他們念自己寫的句子，當他們讀出「我應該怎樣

怎樣」的時候，我會問他們：「你為什麼應該這樣？」而他們的回答通常很有趣，「因為我媽要我這樣做」「因為如果不這樣做我怕不夠好」「因為我想追求完美」「因為每個人都這樣做」「因為我太高了」「因為我太矮了」「因為我太胖了」「因為我太瘦了」「因為我太笨了」……這些回答都向我們展示了他們的負面信念，以及他們自認為自己的缺點。

對這些答案我不做任何評論，而是和他們討論「我應該」這三個字。我總覺得「我應該」是所有語言中最有害的詞語，每當我們說「我應該怎樣怎樣」的時候，其實是在承認我錯了。我們一直在錯，過去錯了、現在錯了、將來還會錯。而我們真的錯了嗎？沒有。我們可以有多種選擇，不一定非要按照你想的「你應該」去做。

不妨讓我們把「應該」這個詞從你的字典裡刪除，換作「可以」。「可以」這個詞讓我們有更多的選擇餘地，而且讓我們減少所謂的錯。把「應該」換成「可以」，重新讀你寫下的句子。以「我真心希望我可以」來開頭，這樣的表達方式可以帶來新的希望。然後問問自己，「為什麼我還沒有這樣做呢？」你會聽到不一樣的答案，「因為我不想這樣做」「這樣做會讓我害怕」「我不知道怎麼去做」「我沒有能力」等等。你會發現，你這麼長時間以來一直要讓自己去做的事情，其實是你不想去做的，那些事情常常是別人對我們的要求，是別人認為我們應該做的事情。當你認清這一點的時候，你就可以把那些沒有做好的事拋開不理，不必耿耿於懷，不要受別人的擺佈，活出自己的灑脫才是你的當務之急。

生活中有些人往往強迫自己做不喜歡的工作，僅僅是因為他們的父

母認為他們應該成為一名律師或者會計；有些人常常感到自卑，僅僅是因為別人告訴他們他們應該更聰明、更有錢、更有能力。現在，請看看你的「應該」清單上，那些是你的真心希望，還是你能夠丟棄的負擔。當你開始丟棄那些負擔的時候，你就不會把那些達不到的理想當成是自己的錯誤，一切的壓力也會就此消失。新的生命正在向你展開懷抱。

◆ 改變的必要性

當我們說到改變這個詞的時候，我們想到的往往不是自己而是別人，這個別人包括了太多的人：你的老闆、你的同事、你的父母、親人、朋友、妻子、丈夫，總之，我們就是想不到我們自己。我們總是希望透過改變別人的生活來改變我們自己的生活，然而，最有效果的改變往往是改變我們自己。

我所說的改變，是讓我們的生活從孤獨、寂寞、恐懼、憤怒、痛苦中釋放出來，給心靈自由和愛。可以肯定的是，一切都是美好的，我們有能力為自己創造充滿喜悅和幸福的生活，我們可以享受更加美好的未來，無論何時何地，無論生命處境如何，我都能享受當下的生活。

你是否想過，你的思想只要稍作改變，你的痛苦就不復存在，你也就能改變你糟糕的處境。

但是說到改變，總是困難的，不妨把改變想成打掃房間，只要一點一點地打掃，最終整個房間都會乾淨整潔。改變也一樣，你並不需要一下子全部做完，你只要一點一點地改變，久而久之，你的感覺會越來越好。

有一年新年，我去參加了一堂心靈教學課，老師的一番話讓我思考

了頗多，他說：「雖然現在是新年，但你的生活並不會因為新年的到來而改變。要想改變自己，你必須深入自己的內心。」

通常伴隨著新年的到來，人們會許下各種各樣的新年願望，但是往往由於人們沒有深入自己的內心，這些新年願望很快就被忘記或擱淺了。有人許下的願望是：「我要戒酒。」而這其實是一種消極的表達方式，你需要清楚地告訴你自己的內心，並對自己說：「我對酒精的欲望已經完全消失了，現在我自由了。」

現在不妨想一想，有什麼事情是你去年沒有完成的，有什麼情感是你去年沒有釋放的，你希望生活有什麼變化，你真的願意做出改變嗎？

當你願意改變的時候，宇宙的力量就會幫助你，它會帶給你很多能夠讓你改變的訊息：一本書、一位老師、一個朋友或是雜誌上的一句話。也許你的處境會更加糟糕，但是沒關係，改變的力量正蓄勢待發，糾結於心的事物正在慢慢化解，不要痛苦、不要悲傷，給自己積極的心理暗示，美好的改變正在發生。

◆ 改變需要行動

人們通常說：在想到和得到之間，還有一個做到。改變也是如此，在你決定改變的那一刻到你能夠看到真實的改變之前，最重要的是中間的行動力。在此之間是你的徘徊期，你在真實的自己和理想的自己之間徘徊著，當然這是一個自然的過渡。也許你常常會說「我明白了」。但問題是，你行動了嗎？想法和行動是完全不同的兩件事，要想讓自己蛻變成你理想中的樣子，你需要努力行動。

比如說，有些人只進行了三次自我暗示就放棄了，他要麼抱怨沒有

效果，要麼抱怨自己太笨。改變需要充足的時間，更需要及時的行動，自我暗示之後的行動是極為重要的。

當你處在這個過渡期的時候，對自己的每一點進步都要及時讚賞，如果你為你的退步感到自責，那你的改變就成了一種壓力。

盡自己最大的努力實現自己的改變。改變的方法多種多樣，但是指責別人和自己永遠是不可取的辦法。

問問自己，怎樣做才能讓自己每天都開心快樂呢？你怎樣做才能得到內心的平靜和安寧呢？如果你還沒有開始改變，你願意改變嗎？你願意讓你的生活軌道和從前大不相同嗎？你希望生活更美好嗎？如果你真的願意，你就能做到；如果你堅持行動，你就真的能改變自己的生命。除了你自己，沒有任何人能夠幫助你改變自己的生活。

請記住，內在的寧靜會讓我們和更多內心寧靜的人聯繫在一起。他們的精神能夠在靈魂的層面上聯繫所有人，宇宙的力量正在讓我們的世界變得更加美好。

你可以每天多次向自己發問：現在，我和什麼樣的人聯繫在一起？我對現在發生的一切有什麼看法？思考片刻之後，接著問自己：我要做別人要求我做的事情嗎？我為什麼要按照他說的做呢？找出自己最真實的思想和感覺，誠實地對待自己的內心。不要讓別人控制了你的生活，你一定要做生活的主宰者。如果你所做的一切能夠給你帶來益處，那它們從何而來？從何時開始的？如果現在你已經知道應該如何去做了，那麼請連接你內心的智慧吧。

# *29* 寬恕是通往愛的途徑

◆ 化解怨恨之心

怨恨、批評、內疚、恐懼是我們生活最壞的四種習慣，我們身體上的病痛和生活中的問題正是由這四種習慣造成的。這四種習慣源自我們自己不勇於承擔責任，總是把責任推到別人的頭上、責備別人。

讓我們來看看這四種習慣給我們身體上帶來的後果。

長時間的怨恨會瓦解我們的身體，導致癌細胞的生長；在日常生活中總是不斷批評別人的人常常會患上關節炎；內疚的人會潛意識地期待被懲罰，由此會給身體帶來疼痛減輕內疚感；恐懼則會導致緊張，在身體上的反應是脫髮、潰瘍、腳痛。

有許多人來我的診所見我，他們總是說他們這裡不舒服、那裡不舒服。我一聽就知道他們心中一定壓抑著許多不快樂的事情。經驗證明，只要他們能夠消除心中的憎恨，所有的疾病都能夠化解，甚至癌症也能被治癒。也許你會覺得難以置信，但這確實是我的經驗之談。

過去的事情已經過去了，我們沒有辦法改變那些已經發生過的事情，但是，我們卻能夠改變自己的心境、改變我們對那些事情的看法和態度。如果我們現在依舊拿過去別人對我們的傷害來讓自己痛苦，那是多麼愚蠢的呀！

　　我常常會告訴那些有怨恨之心的人：「現在開始化解你的怨恨之心還來得及，事實上這並不是一件難事，千萬別等到你上了手術臺、甚至臨死之前才開始，那就太晚了！」寬恕別人吧，你可以做到的。你能夠寬恕別人的過失，別人才可以寬恕你的過失！」

　　要想化解怨恨之心，先要消除恐懼之心。當我們恐懼的時候，我們很難做到集中意念，因此，我們一定要先消除恐懼。當你的所言所行都流露出從容的姿態時，宇宙的力量就會幫助你。如果我們不改變自己，那麼我們一輩子都會是一個無能的受害者，生活將黯淡無光，即使是神也不能幫助我們。相反，如果我們能夠消除心中的恐懼和怨恨，那麼我們的力量會從四面八方而來，我們將轉敗為勝，擁有美妙的未來。

　　化解怨恨之心幾乎是所有問題的答案，當我們面對困境停滯不前的時候，化解怨恨往往是我們最需要做的事情。如果我們此時的生活不順暢，往往意味著過去發生的痛苦事件依然影響著我們，可能是過去的悔恨、傷痛、恐懼、內疚、責怪、憤怒，有時甚至是對於復仇的衝動。而這些都源自於我們沒有化解我們的怨恨之心。

　　只有寬恕別人，才能把我們的怨恨之心化解掉。愛是生活的良藥，而寬恕是通往愛的途徑，從現在開始，用寬恕之心對待你的過往。

　　在明白寬恕的重要性之後，我們就要去實踐寬恕，下決心對所有傷害過我們的人說：「雖然你曾經傷害過我，但是我將選擇寬恕，我將忘記仇恨，讓你自由自在。」——這就是「結怨解怨」。這是一句很神奇的話，你放過了他人，同時，你自己也將不再被仇恨所囚禁。

## ◆ 練習寬恕

很多疾病都是因為你不能寬恕別人，如果你希望自己擁有健康的身體，那你應該趕快找出你心中痛恨的人，然後寬恕他。你認為最難寬恕的人往往是你最需要寬恕的人，你不需要知道如何寬恕他，只要你願意去寬恕，在心中準備好了寬恕，宇宙的力量自然會教你如何去寬恕他。

有一個古老的方法能夠幫助你化解心中的怨恨。找個安靜的地方坐下，閉上眼睛，讓你的頭腦和身體放鬆下來，想像你正坐在黑暗的劇場裡面，你面前有一個小的舞臺，你最憎恨的人就在舞臺上站著。

這個你最憎恨的人可以是你過去生活中出現過的人，可以是正在煩擾你生活的人，可以是已經去世的人，也可以是仍然活著的人。現在你能清清楚楚地看著他，想像這個人身上正在發生好的事情，你看到他開心地笑了，讓這個場景持續幾分鐘的時間，然後讓他慢慢退去，想像著你自己走到了這個舞臺上，你看見你經歷了讓自己高興的事，你看見自己開心地笑了。這時候，你就能意識到宇宙的博大能夠容下我們所有的人。

嘗試這個練習之後你會發現它有著驚人的效果，以前煩擾我們的事情，讓我們痛苦的事情大部分都會隨著這個練習而消失。你可以每天進行這個練習，每天更換舞臺上的對象，經過一個月甚至更短的時間，你就會感覺身心輕鬆。

但對於有些人來說，這個練習是困難的。他們雖然知道寬恕的重要意義，但是內心的仇恨太強大了，他們做不到，因此，他們在寬恕之前還需要一個步驟——復仇。不是讓你真的去復仇，而是讓你在心中想像你復仇的場景。同樣找一個安靜的地方坐下，閉上眼睛，讓那個你最難

寬恕的人出現，你想把他怎麼樣你才解氣？他需要怎麼做才能得到你的寬恕？然後想像這樣的事真的發生了，你想讓他們擁有的痛苦他們都經歷了，你想要他們的懺悔他們都做了。通常這樣的想像中止之後你會感到釋然。但是記住，這個練習不能每天都去做，這對你不好，只做一次就夠了。

# Part 9

# 狄巴克‧約伯拉

體驗唯一的現實

## 狄巴克‧約伯拉 簡介

狄巴克‧約伯拉是主張身心調和、心靈意志主導一切的醫學博士。他運用古印度的智慧來解決現代文明的疑難雜症。他是無數世界政商與好萊塢名人的心靈導師。

約伯拉在印度新德里出生成長，1984年引介印度草醫學到美國，開啟身心醫學和全方位療癒的風潮。曾擔任諸多雜誌的編輯顧問，1992年被選為國家健康研究院特別委員，經常在聯合國、世界衛生組織等機構講座授課。寫過二十五本書，作品已被譯成三十五種文字。同時，他也創作了一百部以上的錄音及錄影帶系列作品。

1999年，被《時代》雜誌選為「二十世紀頂尖的一百位偶像與英雄之一」。後來，他又被封為「心靈帝王」，人們形容他為「另類醫學詩人－先知」。目前他是加州拉荷亞的約伯拉幸福中心創辦人及總裁，任塔夫次大學和波士頓大學藥學系教授。暢銷作品包括《不老的身心》及《成

功的七項靈性法則》（生命的七大精神法則）、《歡喜活力》、《做自己的心靈帝王》等書。

約伯拉博士憑藉深厚的印度文化底蘊，深入淺出的理論闡述，優美的文字，生動的事例和比喻，帶領我們踏上愉快的精神之旅。

# *30* 讓身體的智慧指引方向

## ◆ 生命之謎確實存在

我接觸過許許多多的人，他們精神之旅的開始是源於一些神奇事件的觸發。有的人在年幼時曾看到祖母的靈魂在去世前的那一剎那離開了身體；有的人在生日的那天看到了自己身邊有許多發光的物體環繞；有的人則有過靈魂出竅的經歷，他們感覺到自己的精神漂浮到了另一個地方；有的人在回到家中時看到自己的一位家人正站在門口，而他的這個家人剛剛喪命於一場交通意外。毫不誇張地說，數以百計的人都發現自己有時候被包圍在一團珍珠色澤的白光中，或是親耳聽過神的聲音，或者是在幼年時感覺到隱性的守護神在入睡時從旁保護。你的生活中有很多類似的暗示，不過可惜的是，由於它們沒有形成一個清楚明白的訊息，於是你把它們都忽視掉了。

其實，經歷過這些神奇事件的人遠遠比沒有經歷過的人多。他們的精神闖入了另外一個世界，這是一段神秘的旅程，但是那個世界於我們眼前的大千世界只有隔著一層薄薄的面紗，把不相信的人遠遠地隔絕在外。掀起這層面紗，你的觀念就將轉變，這種轉變雖然完全屬於你個人的主觀思想，但又是切實存在的轉變。

請看看下面幾件無法解釋的事實；

　　美國大峽谷附近的沙漠上禽類在峽谷邊埋著大量的松果，當冬天大雪飄零，土地被厚厚的雪掩蓋之後，牠們還是能夠準確地找到每一個松果的所在之處，把儲備的食物挖出來。

　　在太平洋西北部哥倫比亞河的支流小溪出生的鮭魚，會經歷重重艱辛游到大海裡面去，在幾年的海洋之旅結束之後，牠們會重歸自己的故鄉，在自己出生的地點產卵，而牠們總是能夠精確地找到位置。

　　來自不同國家的孩子們聚在一起聽日語，然後問他們剛才聽到的是毫無意義的廢話還是一首動聽的日本詩歌，日本本國的孩子們全部回答正確，其他國家的孩子們雖然之前沒有聽過一句日語，但是過半數也回答出了正確的答案。

　　許多雙胞胎即使相距萬里，但如果他們當中的一位遭遇不幸，另一位能夠立刻感覺到。

　　印尼的螢火蟲能夠幾百萬隻一起在跨越幾平方公里的地域上同步發光。

　　一些非洲的樹木如果過分被動物採食，它們就會向其他樹木發出信號，讓它們分泌出一種化學物質來保護自己，遠處的樹木接受到同伴的信號之後，就會改變自己的化學成分濃度。

　　當出生之後就被分開的雙胞胎多年後第一次見面的時候，他們會驚奇地發現，他們同年結婚，伴侶的名字相同，就連孩子的名字也一樣。

　　口中銜著食物回到海灘棲息地的信天翁媽媽，瞬間就能夠在數十萬隻一模一樣的小寶寶中找到自己的孩子。

　　鈉和氯這兩種化學元素如果單獨來看，都是對人體致命的毒藥，但當它們融合為氯化鈉——也就是食鹽時，就變成了維持生命最基本的化

學成分之一。

為了讀這句話，你大腦皮層中的數百萬神經元會迅速組合成一個之前從沒有在你腦海中形成過的模式。

上面所有這些陳述都是玄妙的事實，可見，生活表相之下蘊藏著無形的智慧，生命秘密的表達不是隨機的偶然事件，而是無處不在的智慧，而這生命的智慧，就等你用你的身心去發現。

## ◆ 發現人體的智慧

生活的各個角落都是生命秘密的隱藏地，但它卻不肯清晰地展現在我們面前，那我們要怎樣去開始我們的探索之旅呢？大偵探福爾摩斯也許會開始他的推理，未知的事物正等待著我們去探索。不想被發現的秘密，總是在你一步步靠近它時一點點後退。但是，生命的秘密卻並非如此，只要你知道去哪裡尋找，全部的秘密都會展現在你眼前。問題是：到哪裡尋找呢？

不妨從人體的智慧入手，這是一個絕佳的切入點。雖然它看不見也摸不到，但它卻切切實實地存在著，對這個事實的發現與承認始於20世紀80年代中期。在此之前，人們認定大腦的智慧是獨一無二的，但在此之後，科學家們在消化系統和免疫系統中也發現了智慧的線索。在這些器官內，有特殊的分子負責傳遞資訊，這些分子在各個器官內盡職盡責地不停移動著，將資訊帶入、傳出大腦，在此同時，它們自己也是鮮活的生命體。儘管白細胞（白血球）遠離大腦，生存在血液之中，但它依然能夠將侵入人體的有害細菌和無害的花粉區分開來，這本身就是一個智慧的決定。

　　十幾年前，如果有人告訴你腸子也有智慧，那無疑會遭到嘲笑，消化道內部儘管分佈著成千上萬個神經末梢，但只是負責監控吸收營養這種低等功能。今天的研究可謂是為腸子「平反」了，我們的腸道其實並沒有那麼低等。腸內分散的神經細胞本身就會形成一個精密的系統，會對外界的刺激產生反應，如果遇到一些負面事情，比如工作上處處碰壁、有人令你氣憤、親人去世等等，肚子都會有不舒服的感覺。胃的反應和大腦的思想一樣精準可靠，一樣錯綜複雜。你的結腸、肝臟和胃細胞也可以進行思考，只不過使用的語言和大腦不同而已。英語中人們常常把直覺稱為「來自腸子的反應」，這其實就是來源於數以萬億細胞的複雜智慧系統。

　　在科學革命的浪潮中，科學家闖入了之前聞所未聞的隱秘世界。細胞已經思考了數百萬年之久，遠遠超過了人類自身。細胞的智慧比人腦的皮層智慧更加古老，代表著比其還要遠古的東西：宇宙。也許宇宙也有自己的思想。在生活的各方面中，宇宙的智慧隨時發揮著作用，和我們自身的活動差不多相同，都渴望著成長、擴張與創造。不同之處就在於，身體和宇宙的合作遠比大腦和宇宙的合作更加精準完美。

◆　身體呈現的生命秘密

　　細胞的智慧充滿著激情與承諾，它們是組成我們生命秘密的重要部分。不妨讓我們從一個新的角度探索生命的秘密，看看人體本身的智慧與我們所期待發現的神秘領域是否存在交集。讓我們來看看我們身體層面存在著怎樣的事實。

　　1・你擁有一個高尚目的

你體內的全部細胞都視身體的全域健康為自己的首要責任，必要的時候，細胞會犧牲自己的存活來保護你的身體。每一個細胞的存活時間相較於我們的人生而言，只是那麼的短暫。每個小時都會有成千上萬的細胞死去。在這裡，自私是一個不存在的詞語，所有的細胞都將自身的存活放在第二位。

2．你身體無時無刻不在與細胞交流

細胞和身體之間無時無刻不在保持交流和聯繫。傳遞資訊的細胞衝向身體各個部位，向末梢傳達著大腦的意願，不管這個意願多麼微小，細胞都一定會傳輸到。拒絕交流不是身體的作風。

3．你的意識會隨機而變

靈活的細胞隨時都在適應著環境變化。當面臨緊急情況時，細胞總是能夠靈活地做出及時的應對。

4．平等地接受他人，不去歧視和排斥別人。

細胞彼此之間是絕對平等的。身體各個功能互相依賴，特立獨行只會讓自己得到損失。

5．從不在過去的時光中沉迷，而是在每個當下都展現出不停進化的創意。

沉迷於過去的時光是不行的，每個細胞都有自己獨特的功能和任務，不同的細胞也會富有創意性地結合在一起進行新的工作，完成新的任務。也正基於此，我們才能夠消化之前沒有吃過的食物，思考之前沒有過的想法，跳出之前沒有欣賞過的舞蹈。

6．你的存在包含在整個宇宙的節奏之中，你每時每刻都會感到踏實、安全，感到有被人親切的照顧著的感覺。

細胞的行動完全遵從動靜結合的宇宙循環。這個循環會從多方面表現出來，比如，上下浮動的荷爾蒙、血壓、消化運動等等，最簡單明顯的例子就是睡眠。為什麼人類需要睡眠還是一個科學之謎，不過我們清楚地知道，如果我們不睡覺，我們的身體就會損壞。我們的身體在無聲無息的孕育成長，過分的活躍不是什麼好事。

7·你認為生命的川流不息會自然而然的帶給你所需要的一切，但暴力、控制和鬥爭都是不可取的。

細胞的活動只損耗最低限度的能量。一般來說，一個細胞在其細胞壁內只貯存三秒鐘的食物和氧氣。細胞的存活要依賴於養分的供給，吸收過多的養分甚至過多的空氣都會導致負面作用。

8·你感到和自己的本源聯繫緊密

細胞從根本上都是一致的，那是因為他們擁有相同的基因。肝細胞和心臟細胞不同，肌肉細胞與腦細胞也不一樣，當然這並不能掩蓋它們永恆的共同之處。在實驗室中，肌肉細胞能夠回到共同的本源，並透過基因變形成為心臟細胞。健康的細胞分裂再多次，也絕對不會背離自己的本質。對它們來說，與眾不同是不行的。

9·你要堅信不疑，奉獻是一切財富的源泉。

奉獻是細胞的最基本職責，這也是所有細胞的本質。全心地投入會自然促使索取的發生，於是，便完成了自然循環的另一半。拒絕奉獻顯然是不行的。

10·你認為生命存在於一個永恆的大背景當中，生時的一切，死亡的來臨都在這個大背景中發生，對你來說，最真實的就是永恆的事物。

細胞的繁殖是為了將知識、經驗和天分毫無保留地傳給子孫後代。

這其實就是一種實際上的永恆，肉體躲不開死亡，但精神卻會一直繼承下去。在這裡沒有代溝的存在。

這些細胞的行為難道不會給你的心靈帶來震撼和啟發嗎？你身體內的細胞秉持著一個崇高的目的，達到了給予和無私的精神境界。奉獻就相當於把原本是神的東西歸還給神，永恆則意味著相信死後重生。這些僅僅是人生的一部分。在數十億年間，宇宙智慧以生物學的形式體現在以上的各方面，而生命的秘密就是要耐心地使這些智慧發揮出其最大的潛力。即使在當今這個醫學發達的時代，構成我們肉身的秘密仍然不為我們所知，因為它絕對不會在表面呈現出來。生命的秘密已經尋找到一種完美的表現方式，那就是自身。250多種細胞每天都盡職盡責地工作著，肝細胞從事的50種工作是獨一無二的，和肌肉、腎、心臟或腦細胞的職務完全不同，但哪怕其中一個任務無法完成，都會造成不堪設想的結果。

讓我們再回顧一下你的細胞拒絕的事物：自私、不交流、特立獨行、過多的索取、過分活躍等等。連細胞都知道這些行動實不可取，更何況是我們人類呢？對細胞來說，貪婪就意味著毀滅，這正是癌細胞犯下的最基本錯誤，那為什麼作為人類的我們是如此貪婪呢？細胞自己衡量應該吸收多少養分，為什麼人類卻允許自己暴飲暴食體態臃腫呢？人類每天都在進行著損害肉體的行為，卻仍然不知悔改。我們不但對身體的智慧置若罔聞，更加忘記了如何才能擁有完美的精神生活。

### ◆ 學習身體的智慧

我們應該學會如何把身體的智慧運用到我們的心靈中，運用到我們

每一天的生活中。不妨讓我們把身體的十條智慧當成我們生活中的行為指南，盡可能的實現每一條智慧。

*1* · 崇高目的

你的目的是要服務、啟迪、關懷這個世界，而人生的目的就是要真正體會自身。

*2* · 交流

即使被別人誤解，你仍然要心存感激；即使受到別人的忽視，你仍然要與他和諧相處。如果你內心感到內疚或者尷尬，你會清楚地表達出自己的感受。

*3* · 意識

用十分鐘的時間來探測自己的內心，一個人靜靜地坐下來體驗內心的感受，如果你心中有怒氣，試著觀察自己在怒火之下是什麼感覺。

*4* · 接受

用五分鐘的時間想想你討厭的人，回想一下他們身上有什麼你不曾注意到的優秀品質；研究一下某類非常偏激的人群，試著站在他們的角度重新感受世界；對著鏡子中的自己扮演你心目中的完美父母，並來評判鏡中的自己。

*5* · 創意

想出五件別人想不到但是你有能力做的事情，然後，至少將其中的某一個想法付諸實施；以自己為原型列出一部小說的提綱；在腦海中發明出一個全世界都需要的東西。

*6* · 存在

找一個安靜的地方，什麼也不做，只感受自己存在的價值。在草地

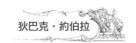

上平躺，感受慵懶的大地在你身下不斷地變化，深深地呼氣、吸氣。

### 7‧效率

把你正在做的兩三件事情撒手不管，看看會發生怎樣的事情；細細地觀察一朵玫瑰，想一想有沒有任何辦法能讓它更加迅速更加美麗的綻放，然後，捫心自問自己的人生有沒有如此高效率的綻放過；在海邊靜靜地躺下，聽聽海浪的聲音，隨著大海的韻律一呼一吸，想像自己與大海相融。

### 8‧聯繫

每次有人和你談話，當你發現你漫不經心的時候，都要記住重新看著對方的眼睛用心傾聽；深情的凝望自己的愛人；對需要幫助的人表示同情。

### 9‧奉獻

為街邊的乞丐買一份午餐；當你知道自己對某人的某項品德感到驕傲的時候，當著他的面真心的讚美他的這項品德。

### 10‧永恆

讀一篇關於靈魂或是來生的靈性文章，寫下你死後仍然想記得的五件事。靜坐下來體會呼吸之間的間隔，在此刻感受生命永恆的存在。

# *31* 世界在你心中

## ◆ 世界由你創造

　　物質世界看似很具說服力，但是令現代科學家尷尬萬分的是，到目前為止，並沒有誰能證明物質世界是真實存在著的。每天只想著過好自己日子的普通老百姓是不關心科學界的事情的，所以並沒有多少人意識到了這個問題的嚴重性。如果你去問一個精神科醫生，他肯定會告訴你大腦沒有提供證據表明外界確實存在。而且很多人還會暗示你：外界並不存在。

　　其實，外部世界只是一個夢。當你在做夢的時候，夢中的那個世界和你清醒時候看到的世界是一樣鮮活的，很多人在做夢的時候，觸覺、味覺、聽覺和嗅覺也會偶爾穿插在夢中。每當你醒來時，你會清楚地知道那些活生生的事件都是在大腦中發生的。我已經知道了夢是虛幻的，因此我從來不會被夢欺騙。

　　問題由此而來：難道我的大腦有兩個部分，一部分負責做夢，一部分負責面對醒來時的世界嗎？當然不是這麼回事。用腦功能的術語來講，當我醒來的時候，夢的機制並不會馬上就關閉了，頭顱後部的視覺皮層僅有一個，它的作用是讓我們看到物體，包括記憶中、夢中、照片上還有眼前看到的一切。當然，腦細胞活躍的部位會稍稍挪動一下，這

樣我們才能區分看到的到底是夢中的、記憶中的還是現實存在的，但最基本的處理過程卻一直在運行著。我們之所以能在夢中製造出一棵樹、一張臉甚至整個藍天，都是因為化學和電子脈衝穿過繁複的神經網絡在大腦和全身各處穿梭。不管你如何瞇起眼睛，你都不會在樹木、臉龐和任何物體中看到化學和電子物質的痕跡。所有的一切都只是劇烈的電子化學活動造成的。

科學無法證明外在世界的存在，這個讓人尷尬的事實動搖了整個唯物主義的基礎，因此我們也就能夠得出一個精神之謎——不是你存在於世界之中，而是世界存在於你之中。

為什麼石頭是堅硬的？答案就是大腦將一陣電流讀為觸覺。太陽為什麼光芒四射？答案就是大腦將另一陣電流讀為視覺。

我能提出這個說法，那麼我便料想到了你也能提出同樣的結論，到底是你在我夢中還是我在你夢中呢？還是我們被困在彼此交錯的意識中掙脫不得？我認為這不是問題，而恰恰是精神的核心所在，既然每個人都是造物主，為什麼我們的世界卻交融在一起呢？這就是我們尋找精神答案最基本的動力。在現實生活中，矛盾與和諧同在。只要能意識到我們這些造物主能夠創造出各種邪惡與善良的事物，你就會茅塞頓開。我們每一個人都是這個世界的中心。

曾幾何時，這正是人類社會共有的想法。在數百年之前，唯一現實的思想佔據了精神生活的中心舞臺。雖然世界上有萬千種宗教、種族和傳統習俗，但所有人都認為世界是唯一一個在智慧的引領下設計建立的完美對象。神論者將其稱為上帝，印度稱為婆羅門，在中華文明中則是道。在不同的名稱下，人們都安住於這無限的智慧中，我們自身的行動

都是造物主宏大計畫中的一部分。當時的人不需要去絞盡腦汁研究靈魂
的奧秘也知道這唯一的現實,生活與世界完美融合。造物主手下,眾生
平等,也正是這種神聖的力量為一切的生命體注入了活力。

◆ 新意識的產生

　　如果你不將自己看成是現實的創造者,外部世界就不會為你提供任
何精神解答。這麼說聽起來有些怪,但我們能夠看到一種新的信仰正在
萌發之中。

　　我所經歷的一切都是我自身的反映,所以我不需要逃避。一是本來
就無處可逃,二是當我將自己視為現實的造物主時,即使能夠逃避也不
會這樣選擇。

　　我的生命是其他生命的一部分,當和一切生物產生聯繫後,我也就
不再有敵人,不再需要反對、抵抗、征服和毀滅任何事物。

　　我不想去控制任何事物,但要想發生改變,只需要轉變我唯一能夠
天生控制的事物,也就是我自身。

　　讓我們來學習一個簡單的練習。

　　在原地坐下,環顧四周,當你的目光掃視到桌椅、圖片、牆壁的時
候,請對自己說:「所有的東西都代表了我自身。」將你目光所及的一
切放到你的意識當中,然後開始問自己下面的問題:

　　・我看到的是秩序井然還是混亂不堪?

　　・我有沒有看到自己的獨特之處?

　　・我有沒有看到自己的感受?

　　・我有沒有看到自己渴望的事物?

周圍的事物中有的會立刻回答你的提問，有的則閉口不言。寬敞通風、色澤明亮的大公寓和陰暗的小地下室所代表的思想狀況顯然不相同。如果你滿眼凌亂的桌子上堆砌著高高的文件，那代表的事情可就多了：凌亂的內心，對責任的抗拒，承擔了過多的壓力，對細節的忽視等等。說起來矛盾，但事實上，我們每個人都在一邊表現自己的同時一邊隱藏自己。

有時候你會向別人坦露真我，有時候你卻對自己的真實感情遮遮掩掩。如果你並不特別喜歡一款沙發只是因為價格便宜才湊合給買下了；如果你是因為不在乎牆壁的顏色才刷成白色；如果你是因為壁畫是朋友送給你的禮物才一直掛在那裡，那就證明了你能夠看到象徵著你的感情的對象。即使不對細節做追根溯源的探究，你仍然能夠透過觀察這個人的房間來對他做一個基本的判斷，他是不是滿意於自己的生活狀況，他是否有著強烈的自我認同感，他是隨波逐流還是我行我素，他是個愛乾淨的人還是邋遢大王，他是積極樂觀還是憂鬱陰沉。

接下來我們要走出去交際了，和家人或朋友在一起的時候，要用心對待周圍的人和事，問自己下面的問題：

‧我有沒有感受到幸福？

‧我和這些人在一起快樂嗎？

‧我是否能夠感受到大家疲憊的內心？

‧這些人是例行公事，還是確確實實喜歡和我在一起？

其實這些問題的答案並不是很重要，重要的是思考這些問題的過程。你會主動評估周圍的世界和內心的感受，與四周的事物一樣，人也是一面鏡子。

下面接著進行練習。

打開電視機看看正在播出的新聞，但是不要以一個旁觀者的姿態，而是將自己融入正在播出的新聞之中，問自己下面的問題：

‧我所在的世界安全嗎？

‧我此刻的感受是對災難的驚恐不安還是覺得這很刺激很有意思？

‧當負面新聞播出時，如果我還在看，我是不是為了尋求刺激？

‧此刻播出的新聞代表了我心中的哪個部分？是關注於問題本身那部分，還是想要找到答案那部分？

上面三個步驟的練習會讓你產生新的意識。你會感受到，你不是以一個孤立寂寞的個體存在著。最終你會察覺到，其實，整個世界就在你心中。

◆ 將世界帶回家

一枝玫瑰花能帶來什麼奇蹟？透過對一枝玫瑰花的沉思，你能更接近你心中的造物主。

拿起一朵鮮紅的玫瑰花，把它舉在眼前，深深地吸入玫瑰花的芳香，然後告訴自己：「如果我不存在，玫瑰花的香氣就不會存在。」欣賞每一瓣花瓣鮮豔的色澤，然後告訴自己：「如果我不存在，玫瑰花的鮮紅色澤就不會存在。」輕輕撫摸玫瑰花的花瓣，然後對自己說：「如果我不存在，玫瑰花嬌媚的形態就不會存在。」現在，你應該清醒的認識到，如果你從你所有的感官中抽離，你的眼耳鼻舌統統都沒有了感覺，那你眼前的玫瑰花就只不過是一團在虛無中跳動的原子罷了。

接下來，思考玫瑰花細胞中的DNA。在腦海中想像幾十億原子組合

成雙螺旋結構，然後告訴自己：「我的*DNA*正在凝望著玫瑰花的*DNA*。我和玫瑰花之間不是觀察者與被觀察之物的關係，而是一個形態的*DNA*看著另一個形態的*DNA*而已。」接著，想像*DNA*開始發光，轉換成無形的能量，告訴自己：「玫瑰花已經轉化成一團原始的能量，我自己也已經融化成原始的能量。現在只是一個能量場看著另外一個能量場而已。」

最後，想像你的能量波和玫瑰花的能量波互相融合，就像大海的波濤一樣在寬廣的海面上翻轉起伏。告訴自己：「所有的能量都源於並終將回歸到同一個本原。當我注視玫瑰花時，從無限的能量中便會迸發出一絲火花，體驗著自身的經歷。」

慢慢的逐步想下來，你的思想將會進入真正的現實，無限而靜謐的能量場瞬間迸發出火花，體驗著客體（玫瑰花）和主體（你，即觀察者）的關係。你的意識瞥見了永恆之美的某一方面，唯一的目的就是要創造出一瞬間的喜悅。你和玫瑰花在這一瞬間上處在兩極，但之間又沒有任何隔膜。這時創造便發生了，你和玫瑰花和諧地包容在了一起。

# *32* 生命的精神法則

### ◆ 用給予啟動生命之舞

給予與接收是宇宙之間永恆不變的法則之一，宇宙的運作需要動態的交換。沒有什麼東西是完全靜止的，你的身體每時每刻都在和宇宙進行著動態的交換，你的大腦每時每刻都在和宇宙進行著交流和溝通，你的能量就是宇宙能量的表現形式之一。

生命的流動是為了讓構成生命的所有能量和所有元素和諧的運轉，而你生命中的所有能量和元素之間的運轉完全依照宇宙間的給予與接收法則。你的身體和大腦每一刻都在與宇宙進行動態交換，這種能量的流通一旦中止，就意味著生命的中止。

給予與接收實際上是同一回事，給予和接收是宇宙能量流的兩個不同方面，你一旦堵住了任何一頭，都會和大自然的智慧相抵觸。

每一粒種子都有成長為參天大樹的渴望，因此，種子絕對不會把自己囤積起來，它會把自己交託給肥沃的土壤，唯有如此，它那看不見的能量才能以物質的形式得以表現。

付出和收穫無疑是成正比的，你付出的越多，收穫的就越多，因為你的給予會讓宇宙的富有在你的生命中不斷的流通循環，當然，這僅僅適用於無條件的、心甘情願的付出。你給予背後的意圖往往是最重要的

東西。如果你給得心不甘情不願，你是不會得到任何能量的。幸福是人們最真切的願景，能夠讓生命增值，因此，當你給予之時，你要帶著為給予者創造幸福的意圖。所以，給予必須是快樂的行為，帶著愉快的心情進行每一次給予，這樣的給予，會散發出更多的能量。

如果你想得到快樂，請先給予快樂；如果你想得到愛，請先給予愛；如果你想得到別人的關心和欣賞，請先學會關心和欣賞別人；如果你希望過富足的物質生活，那就先幫助別人在物質上變得富足。僅僅是一個給予的念頭、一句簡單的祈禱、一個祝福的擁抱，都蘊含著力量。歸根結底，我們的身體是無數能量和資訊匯聚在一起的一堆能量和資訊，我們是意識世界中匯聚在一起的意識。

生命是永恆的意識之舞，當你學會把自己孜孜以求的東西給予出去的時候，你就啟動了這個舞蹈，並為它設計出了一套優美流暢、充滿活力的動作，這套動作構成了生命永恆的脈動。

要想讓給予與接收發展運轉得更加有能量，不妨做出這樣一個決定：無論任何時候接觸到任何人，都給予他們一些東西，這種給予不一定要以物質形式表現出來，也可以是一朵鮮花、一句讚美，甚至一個微笑。其實，最好的給予不是送給別人一樣東西，關懷、仁慈、欣賞和愛才是你能給予別人的最珍貴的禮物。

生活在宇宙之中的我們天生就是富足的，大自然對我們的願望有求必應。你必須明白，我們是一個生來富有的人，無論你錢多錢少，只要你內心充滿快樂、平和、愛和給予的心態，那你就什麼都不缺。如果你能為別人尋求這些東西，那你想要的一切也會唾手可得。

### ◆ 只有心知道答案

因果法則無時無刻不在生活中發揮著效應，因果法則中所講的一切都是我們耳熟能詳的，生活中我們常說：「種瓜得瓜、種豆得豆」。顯然，如果我們想收穫幸福人生，就一定要學會播種幸福的種子，從這個角度來說，因果就是有意識的選擇行為。

從本質意義上來說，每一個人都是擁有無限選擇的選擇者。生活中面臨著眾多的選擇，每做出一種選擇，都是在決定我們以後的人生。在我們做出的選擇當中，有些是有意識做出的，有些是無意識做出的。做出有意識的選擇是我們理解因果法則以及最大限度運用它的最好辦法。

不管你承不承認，不管你喜不喜歡，你此刻的生活正是你過去所做出的選擇的結果。然而不幸的是，許多人的選擇是在無意識的情況下做出的，因此他們不認為那是選擇，但事實上，它們就是。假如我要辱罵你，你很可能做出受到傷害的選擇；假如我要拍你的馬屁，你很可能會做出接受奉承的選擇。想一想，你的反應雖然是無意識的，但是它仍然是一種選擇。我可以傷害你但是你可以做出不受傷害的選擇，我可以恭維你但是你可以做出不買帳的選擇。換句話說，我們雖然是無數選擇的抉擇者，但是我們當中的大部分人卻成了一堆只能做出條件反射的人體器官，不斷受到外界人和物的影響而做出的可以預見的行為結果。

我們大多數人，作為條件反射的結果，對外在環境中的刺激物都能做出重複的反應和可預見的反應。從表面上看，我們的反應似乎是被外在環境誘發的，事實上我們卻忘了，這些仍然是我們自己所做的選擇，只不過我們是在無意識中做出了這些選擇而已。

如果你能在你做出那些選擇的時候見證一下你所做的選擇的話，那

你的見證行動就把你從無意識拉回到有意識。這有意識的選擇和見證過程是極其有作用的。

在你做出選擇的時候，不妨先問自己兩個問題：第一，「我做出的選擇會帶來怎樣的後果？」你的內心會立刻明確答案。第二，「我做出的選擇會給我和我周圍的人帶來幸福嗎？」如果你得到了肯定的答案，那你就大膽的如此選擇吧，但如果你得到了否定的答案，那就請你立即終止這個選擇。

當你做出決定的時候，你的身體能夠體驗到兩種感覺：舒服和不舒服。它們可能是很微弱的感覺，但是它們確確實實的就在你的體內。對於有些人來說，舒服和不舒服這個訊息存在於腹腔那個部分，但是對於大部分人來說，是在心那個部位。

唯有心知道正確的答案。人們認為「心」是情感豐富、多愁善感的，但實際上並非如此。「心」是有直覺的，它會考慮問題的各方面，探求事情的前因後果，明白事物之間的聯繫；它不在乎勝負，心會對一切事物明察秋毫，也許有些時候心會顯得不那麼理性，但是它所擁有的計算能力比一切其他的理性思維都更加精準。

你可以利用因果法則來賺錢，創造更富裕的物質條件，讓一切美好的東西源源不斷的噴湧而至。但是，首先你必須能夠清醒地意識到，你的未來是你此刻選擇的結果，你越是能夠做出有意識的選擇，你就越能夠為自己和周圍的人做出自發而正確的選擇。

◆ 讓一切輕而易舉

大自然總是在輕鬆自如的運轉中體現智慧，它的每一次工作都絲毫

247

不費一點力氣，顯然，它是向我們傳達了生命的精神法則之一：採取最少量的行動和不對抗的原則，這也是一條和諧與愛的原則。只要我們從自然中領悟到了這一點，那麼我們就能輕而易舉地實現自己心中的願望了。

如果你潛心觀察大自然，你將會發現它的一切都毫不費力。草兒從不去刻意的生長，它只是生長；魚兒從不去刻意的游泳，牠只是在游而已；花兒也從不去刻意的開放，它們只是開放；鳥兒從不去刻意的飛翔，牠們只是飛翔。這些都是它們的本性。地球沒有軸心可以讓自己繞著自己轉，卻以令人頭暈目眩的速度自轉並且在天空中飛也似的公轉，這也是它的本性所使。孩子的快樂是他們的本性，太陽的光輝是它的本性，星星的閃爍是它們的本性。而人類的本性是毫不費力地把我們的夢想變成活生生的現實。

大自然的智慧能夠在不做任何努力的情況下不費吹灰之力的施展出來。它是非線性的，自發的，全面而富有營養的。當你與大自然和諧、一致，確實瞭解了你真正的「自我」之時，你就能利用最省力法則了。

當你的行動是由愛驅使的時候，你做事就會很省力，因為大自然是由愛的力量匯聚起來的；當你在謀求權力和妄想控制他人的時候，你就是在損耗能量。為了一己私利而貪財貪權，你就是對當下的幸福置之不理，而去追求虛幻的幸福，這也無異於切斷了你的能量來源，並且阻礙了大自然施展它的智慧。但是，當你的行動是由愛驅使的時候，你的能量就會大大累積，而你所累積的這些能量會幫你創造出包括無盡財富在內的任何你想要的東西。

最省力法則包含了三個部分。這三個部分是讓我們實踐「少勞多

得」法則該遵循的原則。

**第一個部分是接納。**接納就是讓你做出這樣一個承諾：「我在今天遇到的任何人、任何情況、任何事件，是什麼樣的就是什麼樣的，我將接納他們本來的樣子。」這也就意味著，我們明白了我們現在所經歷的一切是順乎天意的，因為整個宇宙是它該有的樣子。此刻的自然而然是因為宇宙就是自然而然的。

**第二個部分是責任。**責任意味著你不會抱怨此刻在你身邊發生的一切。當你接納了你此時的處境之後，責任就意味著你有能力對你此刻所面臨的狀況做出一個創造性的回應。所有的問題中都隱藏著機遇的種子，而意識到這一點能夠讓你接納此刻並且把此刻的問題向好的方向發展。

**第三個部分是不做辯護。**意思是說把你的意識建立在不做辯護的基礎之上，把說服或者勸說別人相信你的觀點的念頭消除掉。你身邊的人把他們99％的時間都用在了為自己的觀點做辯護上。如果你能消除這個念頭，你就會將以前浪費掉的大量精力找回來。

如果你能擁抱現在，感受每一個當下的喜悅和存在，體會每一個生命中所蘊含的靈性光輝，你的快樂就會從內心源源不斷地流出，你的內心將不再有懷疑，你所想之事將會夢想成真。放棄你的抵抗之力，朝著輕而易舉的智慧之路前進吧！當你把你的接納、責任與不做辯護完美地結合起來的時候，你就能體會到生命的無羈之流了。

# Part 10

# 一行禪師

安住在覺知中

## 一行禪師 簡介

　　國際第一禪宗大德一行禪師，是世界著名的佛教大師、宗教界精神領袖、偉大的心靈導師、當今社會最具宗教影響力的僧人之一，以禪師、詩人、人道主義者聞名。

　　1926年出生於越南，16歲出家，後創立青年社會服務學派、梵漢佛教大學和Tiep　Hanh（越南語，互即互入的意思，亦即所有現象的存在都是互相依存的）團體。1966年在法國南部建立「梅村」（Plum Village）禪修道場，推廣正念的禪修並幫助來自世界各地的難民及兒童，畢生宣揚非暴力的和平理念與正念生活之道。

　　1967年，一行禪師被馬丁・路德・金提名諾貝爾和平獎，路德・金博士說：「我不知道還有誰比這位溫良的越南僧人更堪當諾貝爾和平獎。」　湯瑪斯・默頓是這樣評價一行禪師的：「比起很多在種族和國籍上更接近我的人來說，他更像我的兄弟，因為他和我看待事物的方式是完

全一樣的。」

　　到目前為止，一行禪師已用越南語、英語和法語寫過八十多本書，其中包括《活得安詳》、《太陽我的心》、《行禪指南》、《正念的奇蹟》、《般若之心》、《佛之心法》、《生命的轉化與療救》、《當下一刻、美妙一刻》等等。

# *33* 正念的奇蹟

◆ 正念的七個奇蹟

正念是佛法的核心。正念是把我們帶回當下的強大的力量。培養我們自己心中的正念，就是培養我們的自性佛。念就是要我們記得回歸當下，「念」字的上半部分是「今」，意思就是「今天」、「現在」，下半部分是「心」。正念就是奇蹟，它能以最快的速度招回散亂的心，讓它重獲完整。這樣，我們不僅能主宰自己、恢復自我，還能過好生命中的一分一秒。

*1‧*正念的第一個奇蹟——能夠讓自己安然地活在當下。

我們能夠感受到天空的蔚藍、鮮活的多姿多彩以及孩子燦爛的微笑。

*2‧*正念的第二個奇蹟——能夠讓其他人或物也活在當下。

正念不僅能讓我們自己安然地活在當下，同時也能讓天空、花朵、我們身邊的每一個人活在當下。如果你不能把握好當下片刻，你就無法完完全全地活在當下，無法安住於當下的生活無異於一場夢。

*3‧*正念的第三個奇蹟——能夠滋潤你作意（即注意、心之所向）的對象。

透過正念的力量，你的作意會澆灌一朵需要滋養的花朵，你將會發

現更多新的、經常的事情。

4．正念的第三個奇蹟——能夠減輕別人的痛苦。

當你修習正念的時候，你的存在就具備了神奇的魔力，你的魔力賜予你改變事物的力量。當你的行為、語言、意念處於完美的統一狀態時，在你講出任何一個字之前，你的魔力就已經發揮效用了。

前面所說的正念的四個奇蹟屬於禪定的第一個階段，一旦你已經能讓自己平靜下來，內心不再散亂，你的心就能聚焦到一點上，這樣，你就為開始深入觀察做好了準備。

5．正念的第五個奇蹟——能夠深入觀察，這是禪定的第二個階段。

當你是平靜的、專注的時候，你就可以真正深入地觀察。你把覺照之光照耀在作意的對象上，與此同時，你也就是把覺照之光照耀在了自己身上。你觀察作意的對象的時候，也會看到自己的儲藏室裡充滿了珍寶。

6．正念的第六個奇蹟——智慧

覺悟和智慧，源於我們心中。當我們心中充滿正念的時候，深深地去感知當下這一刻，我們就能夠深入地看和聽，而其結果總是智慧、包容、慈悲和拔苦與樂的願望。智慧恰恰是慈悲的基礎，當你理解了某人的時候，你會自然而然地用慈悲相對。

7．正念的第七個奇蹟——轉化

當我們修習正念的時候，我們就接觸到了生命中那些讓人淨化和讓人神清氣爽的因素，並且開始轉化我們自己的以及這個世界的痛苦。

當我們開始修習正念的時候，我們的習氣可能會比我們的正念強大，一個習氣的改變可能需要好幾年的時間，可是，當我們確實去做的

時候，我們就可以停止生死輪迴，即停止已經持續了很長時間的多生多劫的痛苦和混亂的惡性循環。

修習正念的七個奇蹟，讓我們在痛苦中解脫，能夠幫助我們過健康快樂的生活，讓我們的生活充滿安詳與喜悅。

### ◆ 每一步都是無上奇蹟

《正念經》的經文教導我們：走路的時候，一定要覺知自己是在走路；坐著的時候，一定要覺知自己是在坐著；躺著的時候，一定要覺知自己是在躺著，身體的姿態是如何的，修行者就一定要覺知自己的那種姿態。透過這樣的修習，修行者才能時時刻刻、不間斷的用正念關照自己的身體。

但是，我們需要知道的一點是，僅僅是身體姿勢的正念關照是遠遠不夠的，我們必須對自己的一呼一吸、每一瞬間的移動、每一絲意念、每一種感覺，以及每一件與我們相關的事物有所覺知。

經文教導這些的意義何在呢？修習正念的時機是何時呢？如果我們每天都在修習正念，我們怎麼能夠有時間和精力去改變現狀並建立一個更理想的社會呢？我們又如何能夠在每天的繁忙事務中抽身去修習正念呢？

在許多時候，一個人不可避免地會因為其他事務而分心，所以，如果想對當下的真實保持覺知狀態，就要在日常生活中的每一刻開始修習，而不只是在禪修時才練習。

當你在一條靜謐的小路上獨自行走的時候，你也可以修習正念。當你這麼做的時候，你就會真正體驗到這條小徑的靜謐。你需要一直敏於

察覺著，你正走著的這條靜謐的小路上。不管天氣晴朗還是陰雨綿綿，不管小路上是平坦通暢還是泥濘難行，你都要保持這個覺察，但是不要機械地重複它。機械式的思考和正念是對立的，如果你真的能夠保持正念地行走於這條小路中，你就會覺得你所行走的每一步都蘊含著奇蹟，內心的喜悅會像花朵一樣綻放出來，內心的正念也會帶著我們走進現實的世界。

有的人會認為，能夠在水上或空中行走才是奇蹟，但是我覺得真正的奇蹟並非在水上或空中行走，而是在大地上行走。我很喜歡獨自走在鄉村小路上，道路的兩旁長滿了稻草。我在正念中踏出每一步，感知自己正走在這不可思議的大地上。而此時此刻，存在本身就是個驚人的奇蹟。

每一天，我們都身處於自己甚至都沒認知到的奇蹟中：湛藍的天空、純白的雲朵、翠綠的樹葉、孩子充滿好奇的大眼睛，或許那也是我們自己的雙眼。

所有一切，盡是奇蹟。然而，忙碌而多慮的人們似乎沒時間能夠悠閒的生活，沒時間在綠地間的小路上行走，也沒時間在樹下安坐片刻。他們的日程總是排得滿滿的，並不斷和不同的人交往與協商，解決著生活中似乎無處不在的危機；他們手頭好像總是有做不完的事情，而且人們必須花費大量的精力應對種種困境，時時刻刻都專注於工作，分分秒秒保持警醒，且掌握好各種可能會發生的狀況，隨機應變。

這樣的生活狀態讓你不禁會問：「那我們要怎麼來修習正念呢？」

我的答案是：時時刻刻都專注於工作，分分秒秒保持警醒，且掌握各種可能會發生的狀況，隨機應變。

有什麼理由能讓我們把正念和「專注於手邊的工作，保持靈敏且能夠應對一切」劃分開來呢？在協商、解決和處理各種狀況時，若要獲得良好的結果，保持冷靜和自我控制絕對是最重要的因素。任何人都知道，如果我們沒能好好控制自己的情緒，被急躁、憤怒或是悲傷控制和干擾，我們的生活就不再有任何價值了。

正念是一個奇蹟，透過修習正念，我們得以主宰自己、重建自我。正念就是一個奇蹟，是能夠讓心靈完整的力量。正念能閃電般地召回渙散的心緒，並恢復重組成一整體，如此，我們才能過好生命中的每一分鐘。

◆ 在嘈雜中修習正念

正念是方法，也是目的，是因，也是果。我們為了讓內心保持專注而修習正念，正念是因，但正念本身就是覺知的生命，正念的存在就是生命的存在，所以正念也是果。正念讓我們的心思不再渙散，不再三心二意；正念讓我們真真正正地過好生命中的每一分鐘。

秋天的時候，遍地都是金黃的落葉，美麗至極。悠然的漫步林間，關照自己的呼吸並維持正念，過不了幾分鐘，你就會感覺神清氣爽。你可以和每一片葉子交流。當然，獨自一人漫步林間比較容易做到關照呼吸、保持正念的練習。如果你身邊有個朋友，他也能和你一樣關注自己的呼吸，那麼你也就能輕易地繼續維持正念。但是，如果你的朋友在你身旁絮絮叨叨，你要維持正念也就沒有那麼容易了。此時，如果你心裡的想法是：「你這傢伙趕快閉上嘴吧！這樣我才能夠專心的練習。」那麼此時，你已經失去了正念。如果你心裡的想法是：「如果他想聊天，

我願意奉陪，但是這並不影響我繼續保持正念。」有了這樣的念頭，你就能夠繼續保持正念。當然，這種情況比你獨處時要難修習。有句越南民謠這麼唱：「最難莫過於在家修道，其次是在人群中，再來是在寺塔裡。」但是，如果你能繼續修習，你就會發展出維持更深的專注力的能力。只有在繁忙嘈雜且費神費力的情況下，修習正念才真的會是一種考驗！而當你的正念修行到了爐火純青的境界，那麼，無論外界環境為何，你都能夠保持內在的寧靜。

唐朝詩人白居易有一次去拜訪恆寂禪師，天氣酷熱，卻見恆寂禪師在房間內安靜地坐著，白居易問道：「禪師，這麼熱的地方，您怎麼不換個清涼的地方呢？」恆寂禪師說：「我覺得這裡很涼快啊！」

白居易對這事有所感悟，於是作詩一首：

人人避暑走如狂，獨有禪師不出房；

非是禪房無熱到，為人心靜身即涼。

人活於世，我們所處的社會環境是我們無法左右的，當你身處嘈雜之境時，更要保持正念的修習，當你的內在能夠悠然自得，再嘈雜的環境也不會干擾到你了。

◆ 當下的一舉一動都是一個儀式

正念，就是打掉妄念，讓心安住在當下。把當下的一舉一動看成是一個儀式，時刻保持正念。

佛說：「過去心不可得，未來心不可得，現代心不可得，生命就在呼吸間。」當你不被過去拖累，也不被未知的煩惱糾纏的時候，你全部的能量都集中在這一時刻，生命因此也會有一種強烈的張力。然而，

大多數人都無法專注於現在，他們總是想著明天、明年，甚至下半輩子的事，總是將力氣耗費在未知的未來裡，對眼前的一切都視若無睹，那麼，他們便永遠不會感知幸福。

我告訴許多修習正念的朋友，如果你每天專門用一個小時的時間來禪修，那其實是遠遠不夠的。你必須時時刻刻的練習禪修，在你的一舉一動間練習，在洗碗時、掃地時、洗手時、喝水時、和朋友聊天時、工作時，都要練習。

在你做任何事情的時候，你都要持有禪修的態度，當你拖地板的時候，你可能會想著一會要坐下來喝茶，所以，就想趕快把地拖好，好去喝茶。這樣的想法就表明，你在拖地板的時候根本沒有專注於拖地板這件事，也就是說你拖地板的時候根本沒有活在當下。當你拖地板的時候，你就一定要把拖地板當成是你此刻最重要的事情對待。然而，當你喝茶的時候，喝茶就是你最重要的事情。

就像這樣，擔水是禪、劈柴是禪。不要只是在你禪修、讀經、祈禱的時候才保持正念，正念應該在一天二十四小時的每一分每一秒當中，在你的一舉一動當中。

當你把茶杯送到嘴邊，這就是一個儀式。也許「儀式」這個詞太過嚴肅了，但是，之所以要用這個詞，就是為了要讓你的心保持警醒，讓你理解「覺照」這件生死大事。

# *34* 統御你的呼吸

◆ 關注一呼一吸

你的呼吸應該像潺潺流過沙地的溪水一般，輕柔、穩妥、流暢自如。

你的呼吸應該是安靜的，安靜到離你近在咫尺的人都聽不到你呼吸的聲音。

你的呼吸應該是優雅流動著的，就像魚兒歡游在水中。

控制自己的呼吸就是控制自己的身心。當我們用盡各種方法都無法收回自己渙散的心思的時候，那麼我們就該控制自己的呼吸。呼吸能夠自然有效地防治神思游離，所以，練習用呼吸來維持正念是極為重要的。呼吸能統一你的身體和思緒，是連結生命與意識的橋樑。每當你覺得自己沒有專注於當下的時候，呼吸是你信手拈來的工具，用來調整你的身心。

深深地吸入一口氣，並覺知你正在深深吸氣的事實。然後，再深深地吐氣，並覺知你正在深深吐氣的事實。在整個呼吸過程中保持覺醒。

《正念經》中教導我們這樣控制呼吸：

吸氣時，覺知你在吸氣；

呼氣時，覺知你在呼氣。

深深地吸進一口氣時，你知道，「我正深深地吸進一口氣」。

深深地呼出一口氣時，你知道，「我正深深地呼出一口氣」。

淺淺地吸進一口氣時，你知道，「我正淺淺地吸進一口氣」。

淺淺地呼出一口氣時，你知道，「我正淺淺地呼出一口氣」。

「吸氣，了了分明地覺知整個身體。」你就這樣訓練自己。

「呼氣，了了分明地覺知整個身體。」你就這樣訓練自己。

「吸氣，讓整個身體平靜下來。」你就這樣訓練自己。

「呼氣，讓整個身體平靜下來。」你就這樣訓練自己。

在寺院中，每個人都學著使用呼吸這件強而有力的工具來克服心思游離，並且基於此增強定力。定力能幫助人們開悟，透過修習正念能獲得這種力量。所以，當一個人能夠自如地控制自己的呼吸的時候，他就已經開悟了。要想維持長久的正念，我們就必須不間斷地關照自己的呼吸。

我們可以想像一下，有一座高聳的牆，從牆的頂端看去是一望無邊。但是，卻沒有能讓人爬上牆頂的工具，只有一條從牆頂端向下垂下來的兩條細線。聰明的人會在細線的一端綁上粗一點的繩子，然後從牆的另一端把細線拉下來，繩子就會被牽引到牆的這一邊來。接著再把繩子的末端綁上牢固的粗繩索，然後將繩索拽到牆對面。當這根粗繩垂到對面牆根而且被固定住時，你就能輕鬆地爬上牆了。

我們的呼吸就好比是那條細線。只要我們正確地使用它，它就能在那些看似無望的絕境中幫助我們。呼吸是身體和心靈相互連接的橋樑，有協調身心，讓身心合一的作用。呼吸與身心狀況互相呼應，呼吸不但能啟發身體，並且能給心靈帶來安寧與平和。

正確的呼吸能給人的身心帶來無盡好處，這是許多人都知道的；正確的呼吸給人體的每個器官增加無窮的活力、能讓肺更強健、能增強血液循環。在生病的時候，正確的呼吸甚至比藥物治療還重要，藉由呼吸，可以讓疾病痊癒。

呼吸是一種工具，呼吸本身也就是正念。雖然，正確的呼吸能夠讓我們的身心受益無窮，但是我們不能把這些好處當成是學習呼吸的目的，因為這些好處僅僅是修習正念帶來的副產品。

◆ 學習隨順呼吸

有一種呼吸方法叫做「隨順呼吸」法，這是一種很適合初學者的呼吸方法。

雖然吸氣和呼氣是靠肺來運作，並且都在胸腔內進行，但是，胃也是一個很重要的部位。當肺充氣的時候，胃會鼓起來。剛開始呼氣的時候，胃會向上鼓出，但是當呼氣到三分之二的時候，胃就會癟下去。

這是為什麼呢？胸腔和胃部之間有一層肌肉膜，也就是橫膈膜。當你呼吸正確時，空氣會先充滿肺的下半部，然後充滿肺的上半部，橫膈膜就會往下推到胃，讓胃向上鼓起；當肺的上半部也充滿空氣的時候，胸腔會往外擴張，這樣一來胃就會癟下去。

這就是為什麼古人說，呼吸開始於肚臍而終於鼻尖。

對初學者而言，不妨躺下來練習呼吸，防止太過努力。你需要注意的是，太過努力會給肺帶來損害，因為肺常年不正確的呼吸而變得很虛弱。開始練習時，修行者需要背枕著墊子或毯子躺下，雙臂自然放在身側，頭不要枕著枕頭。把精力集中到你的呼氣上，在心中默數：一、

二、三……，看看它持續了多長，緩慢地測察它。這樣，經過幾次之後，你就能知道自己的呼氣長度，比如你的呼氣長度是五。然後，試著延長呼氣的長度，多數一或兩個數，讓呼吸長度變為六或七。接下來開始一邊呼氣，一邊從一數到五。數到五時，不要像以前一樣馬上吸氣，試著讓呼氣延長到六到七。

這個方法能夠清空你肺部的氣體。呼氣結束時，停頓一會，讓你的肺自發地吸入新鮮的空氣，讓肺自己不需要費力的能吸入多少空氣就吸入多少空氣。吸氣通常要比呼氣短一些。默默保持穩定的計數，測量吸氣和呼氣的長度。

持續幾個星期這樣的練習，躺下時永遠對你的吸氣和呼氣保持覺知，並且在你走路、坐下、站立時測察你的呼吸，尤其是在戶外時。行走時，你可以用腳步來測察呼吸。差不多一個月後，你吸氣和呼氣的長度就會基本上一致，然後漸漸再相似，最後變得完全相同。如果你呼氣的長度是五，你吸氣的長度也會是五。如果你在練習時感到疲憊就立刻停止。疲憊是一種出色的身體機制，是最好的警示，會告訴我們是該休息還是該繼續。即便你沒有感覺到累，這種長且平均的呼吸也不適合長時間的練習，適宜的練習次數是一次十回或二十回。

關於測察呼吸的長度方面還有一個小技巧，除了用默數來測察，還可以用你喜歡的、有韻律的句子。比如，如果你的呼吸長度是六，你就可以用六個字來代替數數，比如：「當、下、我、心、安、寧」；如果你的呼吸長度是七，你就可以用七個字代替數數，比如；「我、行、走、在、綠、地、上」；如果你是佛教徒你可以說：「我、皈、依、於、佛、陀」；如果你是基督教徒你可以說：「我、們、天、上、的、

父」。

◆ 穿越情緒風暴

當我們的情緒極其強烈的時候，我們可以運用「腹式呼吸」的方法來調節你的情緒。

在你被極度害怕、憤怒、壓抑等強烈情緒控制的時候，將你的注意力集中在你的腹部，並且停止思考，繼續思考是危險的行為。情緒就像是一場暴風雨，當你站在暴風圈的中間時，危險會隨時而至。我們大多數人卻總是讓思想停留在煩惱上直到被情緒淹沒，這樣的做法對我們沒有一點好處，我們需要調整我們的注意力，把注意力往下放，專注在腹部，將全部的注意力集中在你念念分明的呼吸起伏上。坐著和躺著都可以進行這樣的練習。

如果你觀察過暴風雨中的大樹，你就會發現最脆弱的部分是樹梢，巨大的暴風雨彷彿隨時可以摧毀那細小的樹枝。樹幹部分則完全是一番不同的景象，粗壯的樹幹屹立不倒，以強硬的姿態面對著暴雨的襲擊。處在強烈情緒當中的我們就如同是暴風雨中的大樹，頭部正在經歷著情緒風暴的襲擊，所以我們必須把注意力往下，集中於丹田間，念念分明的呼吸，專注於一呼一吸間和肺部的起伏上。這個練習可以幫助我們認清這樣的事實：不管情緒有多麼強烈，都是一晃而過的事，絕不會長久駐留。生命中除了情緒以外，還有其他值得珍惜的事物。如果每次你的情緒不穩定時，你都能夠練習腹式呼吸，那你一定能夠安然的越過情緒的風暴。

# *35* 活出禪意人生

◆ 微笑是最重要的靈性品質

　　每時每刻，世界上都會發生形形色色的事件。每天會有4萬兒童因飢餓而死，許多超級大國已經擁有了足夠把世界毀滅多次的秘密武器，然而，每一個日出仍然是美麗且讓人欣喜的，玫瑰的清香也仍然會沁人心脾。生命是個多面體，它有令人恐懼的一面，也有絢爛多彩的一面。習禪就是要我們能夠充分地品味生命的這兩個方面。千萬別以為為了習禪，我們就得每天嚴肅的板起臉來，事實上剛好相反，為了習禪，我們必須常常把微笑掛在臉上。

　　有一次，我和一群孩子坐在一起，我看到一個小男孩很甜美的微笑著，於是，我對他說：「嗨，你的微笑真美。」他很有禮貌地說了聲謝謝。我告訴他：「你不用謝我，是我應該謝謝你，你的微笑這樣美麗，讓生活都變得更加亮麗了！所以不必說『謝謝你』，你該說的是『不客氣』。」

　　微笑是生活中最重要的一件事情。生活中，如果我們能夠把微笑掛在臉上，能夠擁有安詳愉悅的心境，那麼，不但我們自己會受益頗多，也會滋潤和感染我們周圍的人。

　　有人做了一個有趣的實驗，以證明微笑的魅力。他給兩個人分別戴

上一模一樣的面具，上面沒有任何表情，然後，他問觀眾最喜歡哪一個人，答案幾乎一樣：一個也不喜歡，因為那兩個面具都沒有表情，他們無從選擇。

然後，他要求兩個模特兒把面具拿開，現在舞臺上有兩張不同的臉，他要其中一個人把手盤在胸前，愁眉不展並且一句話也不說，另一個人則面帶微笑。

他再問每一位觀眾：「現在，你們對哪一個人最有興趣？」答案也是一樣的，他們選擇了那個面帶微笑的人。

微笑能夠感染他人，這就像是我看到那個男孩美麗的笑容的時候，我自己心裡也會揚起歡愉。如果那個男孩意識到了自己能夠讓別人感受到快樂，那麼，他完全可以自豪地說「不客氣」。

生活在現在這樣一個忙碌的社會中，為了讓自己可以擁有微笑的心境，我們可以專門騰出一些休整的時間，比如，為自己留出不被事物煩擾的時間，在這一天裡，我們可以面帶微笑，悠閒的獨自外出散步，或者攜兩三好友品茶閒聊。這並不是對現實生活的逃避，而是一種治療和康復活動。

我們可以在禪坐中、在廚房的家務事中、在與人交往中，時時刻刻、從早到晚的練習微笑。也許剛開始你會覺得微笑是困難的，那麼我們不妨思考一下我們為什麼要微笑。微笑意味著我們是自己，意味著我們擁有自己的自主權，意味著我們沒有被淹沒在無明之中。這種微笑，我們可以在佛和菩薩的臉上看到。

我很樂意給大家奉獻一首小詩，不妨在你練習微笑的時候，在心裡默讀一次：

吸進來，

我身心安爽。

呼出去，

我面帶微笑。

安住於此時此刻吧，

這一刻是如此美妙！

微笑可以使你把握自己，這就是為什麼佛和菩薩總是微笑的原因。當你微笑的時候，你會認識到微笑創造的奇蹟。如果微笑能夠真正地伴隨著你生命的整個過程，這會使我們超越很多自身的局限，使我們的生命自始至終生機勃發。

◆ 沉澱心的塵埃

譚蘇是越南人家的小女孩，她還不到四歲半，她的父母託我照看她幾個月。

有一天譚蘇和三個孩子到外面玩，他們四個人在我家後面的小山坡玩了一個小時左右，大概是玩累了，他們回來想要喝點東西，於是我拿出最後一瓶自製的蘋果汁，給每個孩子倒了一杯，最後那一杯給了譚蘇，由於她的那一杯是瓶子底部的果汁，所以裡面難免有一些果泥，當她看到自己那杯裡面的果泥時就嘟著嘴不肯喝。

過了半個小時，我在房間裡面靜坐，聽到譚蘇在叫我，她說她想喝點冷水，但是卻搆不著水龍頭。我告訴她，桌子上有一杯蘋果汁，她看了一眼蘋果汁，發現裡面的果泥已經沉澱到最底下了，杯子上半部的果汁清澈可口，於是她迫不及待地喝了一大口，然後放下杯子問我：「和

尚叔叔，這是新倒的果汁嗎？」

我回答她：「不是，這就是剛剛你沒有喝的那一杯，它只不過是在那裡靜靜地坐了一會，就變得清澈美味了。」

譚蘇又看了一眼杯子，說道：「真的好好喝，它是不是像你一樣靜坐呢？」

我笑著說道：「更貼切一點說，應該是我在靜坐的時候禪觀著這杯果汁。」

每天晚上，譚蘇都看著我靜坐。我並沒有解釋其中的任何含義，只是告訴她我在靜坐。每天晚上，當她看到我洗完臉，穿上僧袍，然後點上一炷香讓麝香滿溢屋子的時候，她就知道，我馬上要開始靜坐了。她也知道，這也是她刷牙洗臉，上床睡覺的時候了。

譚蘇會自然而然地認為，那杯蘋果汁像她的和尚叔叔一樣，只要靜靜地坐一會就清澈了。我覺得，我不需要給不到四歲半的譚蘇任何解釋她就能瞭解靜坐的意義。

蘋果汁在沉澱片刻後就變得清澈，同樣的道理，如果我們在靜坐中讓心止息片刻，心也會變得清澈。這份心靈的清澈會給我們的身體和心靈都帶來力量和寧靜。而當我們的內在舒暢安寧的時候，周圍的一切自然也會變得清澈。

心靜可以沉澱出生活中許多紛雜的浮躁，過濾出淺薄、粗率等人性的雜質，可以避免許多魯莽、無聊、荒謬的事情發生。寧靜是一種氣質、一種修養、一種境界、一種充滿內涵的悠遠。安之若素，沉默從容，往往要比氣急敗壞，聲嘶力竭更顯得有涵養和理智。

不要輕易起心動念。如此才能達到「心靜則萬物莫不自得」的境

界。其實，人生真的不必太急功近利，不如將心跳放緩，隨青山綠水而舞，見魚躍鳶飛而動。水流任急境常靜，花落雖頻意自閑。此心常在靜處，榮辱得失，誰能差遣我；人生常在靜中，紛擾紅塵，悟得禪心。

唯有寧靜的心靈，才不眼紅顯赫權勢，不奢望成堆的金銀，不乞求聲名鵲起，不羨慕美宅華第，因為所有的眼紅、奢望、乞求和羨慕，都是一廂情願，只能加重生命的負荷，加速心靈的浮躁，而與豁達康樂無緣。

◆ 在靜坐中感受清明

禪的意義就是要在定中產生無上智慧，再以這無上智慧來印證人生。「禪」是外不著相；「定」是內不動心。禪定就是將境與心統一起來，讓混亂的思緒平靜下來，外禪內定，專注一境。所謂「念佛三昧，三昧之王」之中的「三昧」就是指禪定，禪則止，定則觀，止是放下，觀是看破。禪定必須先由「入靜」開始，而到「至靜」，才能達到「寂靜」，從而達到忘我的境界，從「身空」「心空」而進入到虛空法界。

禪需要有靜坐的基礎。禪是透過冥想的方式達到入定的狀態，這種境界是無法用語言來描述的，只有自己去體會，去感悟。靜坐則是通往這個境界的常見的方法。

不論是否修佛，靜坐對一個人的身心都有好處。在一個徹底放鬆的環境中，外界的寂靜與內心的空明都能夠使人減少心中的妄念，能夠促進身體的健康和心理的平衡。保持正確的靜坐，能夠使人放下心中的執著，保持頭腦的冷靜和清醒，再進一步，便能產生智慧，開發精神的領域。因此，很多禪宗的修行之人都很重視靜坐。

有一位虛雲老和尚，曾經在終南山打坐修行。他非常虔誠，終日打坐，甚至常常忘記了吃飯睡覺。有一次他煲馬鈴薯，煲起來之後他便去打坐，哪知這一坐就坐得定下去了，而這一定就定了好多天，並且他自己都沒有意識到。

旁邊的人好幾天沒有見到他，非常擔心，就過去看望他，見他還在那裡打坐，就把引磬一敲，替他開靜。開靜以後，虛雲和尚對來客說：「既然來了，就在這裡和我一起用飯吧！」

於是他就把煲的那個東西打開一看，裡面的馬鈴薯已經發黴了，甚至都長毛了。虛雲和尚都沒有想到，他入定已六、七天了。

虛雲和尚修禪的心是虔誠的，他重視靜坐入定在修行過程中的作用，並且真正在靜坐之中達到了空的境界，以至於忘記了自己生活的現實世界。而在開靜之後，他又能自然地融入現實生活中，定與不定沒有了明顯的界限，也就是時時都在定中。

虛雲和尚為禪修忘記了吃飯，而他的弟子具行則是在禪坐之時引火自化了。

虛雲和尚門下有一名弟子，名喚：具行，他本是為求生計而到雞足山祝聖寺做工，後來被虛雲長老收為弟子。他沒有什麼文化，但為人勤快，一天到晚盡做些苦事，別人不做的苦差事，他都去做。但他一心念佛，修行很用功。人家看不起他，他也不放在心上。

他跟老和尚告假三年，外出參學，回來之後，他還是老樣子，別人不願做的苦事、重活兒，他都去做。

他一個人住在一個小茅草屋裡，一天有人看到他的房子隱約有火光出現，跑過去時，火已經熄滅。而具行和尚仍然保持著坐禪的姿勢，在

房內穩坐如山。只不過,他已經圓寂。

具行和尚圓寂時,年齡並不大,才三、四十歲。他走時,穿衣搭袍,拿著一把草,一把引磬,坐在一個草墊上,就這樣自己把自己燒掉了。燒完之後,他坐在那個地方,還像活人一樣,引磬還拿在手上。

這件事轟動了當時在當地當督軍的唐繼堯,他要親自看一看。唐繼堯看的時候,用手稍稍動他一下,整個身體都垮掉了,成了灰。

具行和尚生前曾有一語:「吾半路出家,一字不識,但知一句阿彌陀佛耳。」修行到此般境界,已是極致。普通人雖然也能在靜坐中感悟到身心的放鬆和思想的圓融,但是卻很難達到虛雲和尚和具行和尚的境界,而他們所獲得的智慧也往往是長久的。

靜坐並非等同於禪定,通往禪定的方法還有很多,調飲食、調睡眠、調身、調息和調心都是修行的常見方法,並且後面三種更為重要。坐禪能將身、息、心的調節合而為一,保持正確的舒適的姿勢,調整呼吸的節奏,放下心中一切妄念,將散亂的心集中為統一的心,「於念念中,自見本性清淨。」

◆ 保持平常心

一天,有源禪師來拜訪大珠慧海禪師,請教修道用功的方法。他問慧海禪師:「和尚,您也用功修道嗎?」

禪師回答:「用功!」

有源又問:「怎樣用功呢?」

禪師回答:「餓了就吃飯,睏了就睡覺。」

有源有些不解地問道:「如果這樣就是用功,那豈不是所有人都和

禪師一樣用功了？」

禪師說：「當然不一樣！」

有源又問：「怎麼不一樣？不都是吃飯、睡覺嗎？」

禪師說：「一般人吃飯時不好好吃飯，有種種思量；睡覺時不好好睡覺，有千般妄想。我和他們當然不一樣，我吃飯就是吃飯，什麼也不想；我睡覺的時候從來不做夢，所以睡得安穩。這就是我與眾不同的地方。」

有源低頭不語，慧海禪師見有源沒有開悟，於是敲著木魚，意味深長地說道：「世人很難做到一心一用，他們在利害得失中穿梭，囿於浮華的寵辱，產生了『種種思量』和『千般妄想』。他們在生命的表層停留不前，這是他們生命中最大的障礙，他們因此而迷失了自己，喪失了平常心。要知道，只有將心靈融入世界，用心去感受生命，才能找到生命的真諦。」

由此可見，心無雜念的心才是真正的平常心。這需要修行，需要磨練，一旦我們達到了這種境界，就能在任何場合下，放鬆自然，保持最佳的心理狀態，充分發揮自己的水準，施展自己的才華，從而實現完美的「自我」。

很多人的思維、意識都被世間的紛擾混淆了，好像烏雲密佈、雲霧繚繞，遮住了事物的本來面目。但是，這種混淆只存在於當時的過程。在沉睡中，一切都不是其本原；在三昧中，一切又恢復其本原。正是關於世界、思想、自我的認識使簡單的事物複雜化了，它是不幸、地獄的根源。

而我們只有心無雜念，才能擁有一顆平常心。只有看穿功名利祿，

看透勝負成敗，看破毀譽得失，才能享受那份沉靜的幸福。

平常心是福；平常心是走向幸福的大道；平常心是一種生活的大智慧，是在幸福生活路上的溫暖。

# *36* 你可以不生氣

## ◆ 熄滅心中的怒火

如果我們的心中存在不滿，就總想找地方發洩出去，而最為直接的發洩方式就是發脾氣。很多人認為，發脾氣是最好的發洩方式，因為：如果事情一直憋在心裡，很容易憋出病來。所以，宣洩出去，心裡就得到了放鬆，情緒上也會趨向平穩了。可是，這樣的說法是錯誤的。因為，我們每個人都是相互影響的，一個人的怒火在發脾氣中得到了釋放，那麼，必定會有其他人受了這種不良情緒的影響，身心都受到了委屈。如果每個人都選擇用發脾氣的方式來宣洩自己，那麼這個世界恐怕再無和平和安寧了。

當有人說了或做了讓我們生氣的事，我們往往想以同樣的方式激怒對方，讓對方像我們一樣痛苦，藉以安慰自己。我們會想：「我要把你給我帶來的痛苦還給你，所以，我需要懲罰你，給你一點苦頭吃，看到你不好受，我就會覺得好多了。」

許多人都在別人激怒自己之後有這種幼稚的行為，但實際上，當你還擊對方之後，他也會再度反擊，好讓他自己舒坦些，如此的惡性循環導致雙方的痛苦不斷加深，誰都得不到好處。其實，這時你們最需要的是慈悲與說明，沒有任何人應該得到懲罰。

當生氣時，回到你的心，好好地照顧憤怒；當有人讓你痛苦時，你就回到自己的痛苦，好好地照顧它。憤怒和痛苦之時，你最好什麼都不要說，什麼都不要做，因為，生氣時的所言所行，只會給彼此帶來更多的傷害。

有覺知的人，遇到讓自己生氣的事情，往往不是想方設法來打擊、報復對方，而是進行自我排遣，把自己的憤怒用不傷害任何人的方式發洩出去，讓自己的心境得到平復。

大多數人之所以不會正確的處理憤怒，是因為我們不願回到自己，只想抓住對方，懲罰對方。試想一下，如果你家失火了，你的第一反應是什麼？你肯定會回答說是回家滅火，而不是找到縱火的嫌犯。如果只想去找到縱火嫌犯並且懲罰他，而不去趕快救火，那你的房子估計損失會更大，這就太不明智了，當務之急應該是回去滅火。同樣的道理，當你很生氣時，如果還一直與對方爭辯，甚至想要懲罰他，你的表現就如同那個追蹤縱火犯的人了。

所以，為了不讓自己做那個先去查找縱火犯的那個人，如果下次有人冒犯你，讓你生氣的時候，先學著不要憤怒，憤怒是不能解決任何問題的，只會讓自己過於激動，沒有辦法運用理性正確地看清問題。被憤怒蒙蔽了雙眼，蒙蔽了心靈，從而不能正確地看清事物的本質、判斷事物的好壞，這是毫無益處的。

◆ 發現憤怒的本質

當我們生氣的時候，我們堅信是別人做了讓我們憤怒的事情，於是，我們將我們所受的痛苦歸結於別人的身上。但是，如果我們能夠深

入觀察，我們就會發現事實並非如此，我們內心那顆憤怒的種子才是讓我們痛苦的主因。

如果你仔細觀察，你會發現，有些人面臨和你同樣的境況的時候，他們就不會像你那麼生氣。雖然，他們也經歷了會引發他們生氣的事情，但是他們的內心卻能夠保持冷靜，不被憤怒之火控制。但為什麼你就那麼容易生氣呢？因為你內心那顆憤怒的種子不斷增長，你從來沒有好好地關照過它。

真正打擾我們的不是別人的行為，別人的行為不會直接作用於我們身上，真正打擾我們的是我們自己的意見，只有我們自己的意見才會對我們的行動產生影響。所以，先放棄你對一個行為的判斷吧，嘗試一下下面介紹的方法，也許可以讓你回歸到理性上。

第一，思考一下你和人群的關係。所有的人類都是被神明派到世上來相互合作的，而你的位置被放在他們之上，就像是牛群中領頭的公牛、羊群中領頭的公羊。如果萬物都不只是原子的聚合，那麼自然必定就是支配所有事物的力量。那樣的話，低級的事物必然是為高級的事物而存在的，而高級的事物之間又是彼此依存的。

第二，思考一下別人在用餐時、在睡覺時、在別的場合都是怎樣的？他們遵從怎樣的思想支配？在他們冒犯別人的時候，是帶著怎樣的驕傲心態？

第三，如果別人正在做著他們所做的事情時，我們不必感到不快，而人們有時候會出於無知而不知不覺地在做著不正當的事情。但對他們來說，他們只是在追求自己認為的真理，因為沒有一個靈魂是會放棄追求真理的。他自己也不願意被剝奪宇宙賜予他們的為人處世的能力，所

以，當他們由於無知犯錯而被人指責不正直、背信棄義、貪婪的時候，他們是很痛苦的。

第四，要想到你自己也和他們一樣，犯了很多不自覺的錯誤。也許你已經糾正了這種錯誤，但難保你不會再犯。何況你戒除這些錯誤，很大程度上還是出於不純的動機，比如，出於怯懦，或者害怕失去名譽，或者其他的原因。

第五，當你斷定別人在做著不正當的事情時，你也要想一想自己的判斷是否正確，因為，很多事情其中另有隱情。我們必須瞭解更多，才能對別人做出正確的判斷。

第六，在你煩惱、憤怒和悲傷時，想一想生命是很短暫的，也許下一秒你就會死去。

第七，困擾我們的實際上並不是別人的行為，而是你對於這些行為的看法。那麼，消除這種看法，放棄那些自認為某件事情是極惡的東西的判斷，你的怒火就能夠得到平息。那麼，怎麼才能消除這種判斷呢？只需要明白一個道理：就是別人的行為並不是你的恥辱，只有你自作的惡行才是你的恥辱。如果你為別人的行為也感到恥辱，那你就是在代替那些強盜或惡人受過了。

第八，要想一想，由於這種行為引起的煩惱和憤怒帶給我們的痛苦，比這種行為本身帶來的痛苦要多得多。

第九，保持一種和善的氣質是令任何人都無法拒絕的，但要是真實的，發自內心的，而不是一種表面上故作的微笑。始終和善地對待他人，即使最暴躁無禮的人，也不會對你怎麼樣。在條件允許的情況下，你可以用一種溫和的態度糾正他的錯誤，你要以這種語氣說：「孩子，

不要這樣，我們是被神明派到一起來共同合作的，他將不會讓我受到傷害，而你卻在傷害你自己。蜜蜂，還有其他的動物，都是這樣，它們都不會像你這樣傷害自己。」用這樣的口吻，循循善誘地告訴他這些道理，不帶有任何雙重的意向，不帶有任何斥責、怨恨的感情，親切和善地關心他的感受，而不要做給旁人看。

每個人的意識中都潛伏著一顆憤怒的種子，有些人讓這顆種子的力量勝過了愛和慈悲的力量。而當你不斷的修習正念的力量的時候，你會發現，生活中所有不幸的主因都不是外界的種種，而是你自己內在那顆憤怒的種子。按照上面的方法，你就會發現，憤怒種子的生命力漸漸消退，那些打擾到我們內心的事物也就不復存在了。

◆ 忍辱之心

有位年輕人脾氣很暴躁，經常和別人打架，大家都不喜歡他。

有一天，這位青年無意中遊蕩到了大德寺，碰巧聽到一位禪師在說法。他聽完後不能參透，於是，法會後留下來對禪師說：「師父，什麼是忍辱？難道別人朝我臉上吐口水，我也只能忍耐地擦去，默默地承受？」

禪師聽了青年的話，笑著說：「哎，何必呢？就讓口水自己乾了吧，何必擦掉呢。」

青年聽後，有些驚訝，追問禪師：「那怎麼可能呢？為什麼要這樣忍受呢？」

禪師說：「這沒有什麼能不能忍受的，你就把它當作蚊蟲之類的停在臉上，不值得與它打架。雖然，被吐了口水，但並不是什麼侮辱，就

微笑地接受吧。」

青年又問：「如果對方不是吐口水，而是用拳頭打過來，那怎麼辦呢？」

禪師回答：「這不一樣嗎！不要太在意！這只不過一拳而已。」

青年聽了，認為禪師實在是豈有此理，終於忍耐不住，忽然舉起拳頭，向禪師的頭上打去，並問：「和尚，現在怎麼辦？」

禪師非常關切地說：「我的頭硬得像石頭，並沒有什麼感覺，但是你的手大概打痛了吧？」

青年愣在那裡，實在無話可說，火氣消了，心有大悟。

禪師告訴青年的是「忍辱」，並身體力行，青年由此也會有所醒悟吧。禪師是心中無一辱，青年的心頭火傷不到他半根毛髮。這就叫離相忍辱。

所謂忍辱，既是對治嗔恨之心。《金剛經》說一切法行成於忍，無忍辱則佈施持戒均不能成就，可見忍辱的重要性了。大德高僧們認為「忍耐」與「忍辱」是不同的，忍辱是沒有「人相」「我相」，而忍耐則是君子報仇，十年不晚。因此，忍辱是比忍耐更深的層次。

其實，忍耐也未嘗不可。既然不能輕易地忍辱，就把辱拿回去，慢慢研究研究，看看這個辱是什麼東西。很多時候，在你想研究的時候，你根本就找不到辱了。

但說歸說，現實中一旦遇到挫折和打擊，人們還是嗔念頓起，怒火中燒。你要知道忍辱不是叫你做縮頭烏龜，而是讓你不要因為外界的變化引起內心的變化。為此，你需要不斷修煉自己，強大自己的內心，只有當你的內心足夠大，胸懷足夠寬廣的時候，就沒有什麼事情能讓你

生氣，不會生氣，「辱」又從何來？所以，能夠忍辱的人，是最幸福的人，因為沒有什麼事情能讓他煩惱，幸福自然左右相伴。

### ◆ 隨身的一把心鏡

有一位得道高人曾在山中生活了三十年之久，他平靜淡泊，興趣高雅，不但喜歡參禪悟道，而且也喜愛花草樹木，尤其喜愛蘭花。他的家中前庭後院栽滿了各種各樣的蘭花，這些蘭花來自四面八方，全是年復一年積聚所得。大家都說，蘭花就是高人的命根子。

這天，高人有事要下山去，臨行前當然忘不了囑託弟子照看他的蘭花。弟子也樂得其事，上午他一盆一盆地認認真真澆水，等到最後輪到那盆蘭花中的珍品——君子蘭時，弟子更加小心翼翼了，這可是師父的最愛啊！他也許是澆了一上午有些累了，越是小心翼翼，手就越不聽使喚，水壺滑下來砸在了花盆上，連花盆架也碰倒了，整盆蘭花都摔在了地上。這回可把弟子給嚇壞了，愣在那裡不知該怎麼辦才好，心想：師父回來看到這番景象，肯定會大發雷霆。他越想越害怕。

下午師父回來了，他知道了這件事後一點兒也沒生氣，而是平心靜氣地對弟子說了一句話：「我並不是為了生氣才種蘭花的。」

弟子聽了這句話，不僅放心了，也明白了。

的確，沒有人會因為想要生氣而去做某件事，然而，真正能擁有故事中大師的心境，就需要我們不斷地修習內心的平靜和安然。帶一面明鏡，會幫助你放下內心的憤怒。

當你感覺到內心的憤怒的時候，不妨拿出鏡子來看看你的臉。這時的你沒有一點可愛可言，臉上緊繃的肌肉讓你看起來像一顆隨時可能爆

炸的炸彈。你也可以回想一下你看到過的正在生氣之人,回想一下他們全身緊繃的狀態,你是不是有點害怕他們內心的炸彈會在下一秒被引爆呢?

生氣雖然是一種心理現象,但是仍與體內的昇華元素相關聯,因此,生氣會讓你的肌肉緊繃。所以,當你生氣的時候,拿出鏡子看看自己,會對你有很大的幫助,它會成為正念的警醒之鐘。當你看到了自己生氣時淨獰的模樣,你就會產生想要改變的動力,因為每個人都會想讓自己看起來漂亮一點。

這時候,任何化妝品都無濟於事,你要做的是平和、冷靜的呼吸,心存正念,保持微笑。當這樣的練習進行過一兩次之後,你就會變得越來越漂亮。當你面對鏡子冷靜的吸氣,微笑的吐氣,你會有如釋重負的感覺。

古代的大臣因為被皇宮貴族召見的時候,一定要讓自己的外表完美無瑕,所以,他們都有隨身攜帶鏡子的習慣,你也可以隨時帶一把小鏡子,偶爾看看自己正處在什麼樣的心境下,在念念分明的呼吸幾次之後,對自己微笑一下,你的緊張就會消失,身輕如燕的感覺會隨之而來。

## 身心靈成長

## 典藏中國：

國家圖書館出版品預行編目資料

心靈導師帶來的 36 堂靈性覺醒課 / 姜波 編著--

一版. -- 臺北市 : 廣達文化, 2012.02

面 ; 公分. -- （身心靈成長：1）（文經閣）

ISBN 978-957-713-491-2(平裝)

1.靈修

192.1　　　　　　　　　　　　　　100025701

# 心靈導師帶來的
# 36堂靈性覺醒課

**榮譽出版：文經閣**

叢書別：身心靈成長 01

作者：姜波 編著
出版者：廣達文化事業有限公司
Quanta Association Cultural Enterprises Co. Ltd
發行所：臺北市信義區中坡南路路 287 號 4 樓
電話：27283588　傳真：27264126　　　E-mail：*siraviko@seed.net.tw*
劃撥帳戶：廣達文化事業有限公司　帳號：19805170

印　刷：卡樂印刷排版公司　　　　　　裝　訂：秉成裝訂有限公司

代理行銷：創智文化有限公司
23674 新北市土城區忠承路 89 號 6 樓
電話：02-2268-3489　傳真：02-2269-6560

CVS 代理：美璟文化有限公司
電話：02-27239968　傳真：27239668

一版一刷：2012 年 3 月

**定　價：300 元**